市政专业高职高专系列教材

隧 道 工 程

陈伯兴 主 编
陈 炜 邹定南 吴天斌 副主编

中国建筑工业出版社

图书在版编目（CIP）数据

隧道工程/陈伯兴主编．—北京：中国建筑工业出版社，2012.5（2021.3重印）
（市政专业高职高专系列教材）
ISBN 978-7-112-14092-3

Ⅰ.①隧… Ⅱ.①陈… Ⅲ.①隧道工程-高等职业教育-教材
Ⅳ.①U45

中国版本图书馆 CIP 数据核字（2012）第 034386 号

　　本书主要讲授隧道工程的基本概念、结构构造、勘测设计知识、施工、施工组织设计与管理、质量控制与验收要点等内容，每章后有一节专述示例（单选题、多选题和案例），亦有习题。
　　本书作为高职高专院校道路与桥梁工程专业、轨道专业、监理专业等的教材，也可供有关工程技术人员作参考用书。

* * *

责任编辑：张伯熙　曾　威
责任设计：张　虹
责任校对：刘梦然　陈晶晶

市政专业高职高专系列教材
隧　道　工　程
陈伯兴　主　编
陈　炜　邹定南　吴天斌　副主编

*

中国建筑工业出版社出版、发行（北京西郊百万庄）
各地新华书店、建筑书店经销
北京红光制版公司制版
北京建筑工业印刷厂印刷

*

开本：787×1092毫米　1/16　印张：10　字数：248千字
2012年5月第一版　2021年3月第三次印刷
定价：**35.00**元
ISBN 978-7-112-14092-3
（33328）

前　　言

　　本书为高职高专院校道路与桥梁工程专业隧道工程课程的系列教科书。全书分为八章，包括：隧道工程的绪论；结构构造；勘测设计知识；隧道施工；盾构隧道施工；特殊地质地段的隧道施工；施工组织与管理；质量控制与验收等内容，并在每章后有专节示例〈单选题、多选题和案例〉与习题，供教学与学生能力训练。

　　众所周知，高等职业教育模式是"以岗位能力材培训为主线，基础理论能够用为适度，着重专业技能训练"，因此本教材在结构上突出"职业性、实用性、适用性"特色，因此大幅度增加实用知识和操作技能的训导，着重增加施工方法及管理和质量控制要点。

　　本教材由无锡城市学院陈伯兴高级工程师主编（编写第一章、第二章、第六章内容）、无锡城市学院陈炜讲师（编写第三章内容）、江苏省无锡交通高等职业技术学校邹定南工程师（编写第四章内容）及无锡市第三市政建设工程有限公司董事长、工程师吴天斌任副主编（编写第五章、第七章、第八章内容）；张娜娜、陈嘉炜、张倩倩、马海艳、卞丽丽等也参加编写有关章节的内容。

　　由于编者水平有限，加之编写时间仓促，书中不足之处恳请广大同仁与读者批评指正。

目　　录

第 一 章　隧 道 工 程 绪 论

一、定义

位于地表以下，一个方向的尺寸（长）远大于另一个方向的尺寸（宽或高），两端起联通功能的人工构造物。横截面积小于 $2m^2$ 的称为坑道，大于 $2m^2$ 的称为隧道。或简称：埋藏于地层深处的人工建造物。

二、适用（即作用）

用于山岭地区时，克服地形或高程障碍，改善线形，提高车速，缩短里程，节约燃料，保护生态环境，并克服落石、坍方、崩塌等危害。城市中可减少用地，构成立体交叉，减少路口的拥挤阻塞和疏通交通。在江河、海峡、港湾地区，不影响船舶通航。从线路上来说使行车安全，提高舒适度，战时能增加隐蔽性和提高防护能力，且不受气候影响。

三、组成

（1）主体结构：洞门、洞身。

（2）附属结构：避人（车）洞、排水防水系统、照明设施、通风、辅助坑道。

四、分类

（一）按其地层条件分

岩石隧道与土质隧道。

（二）按其埋深分

浅埋隧道与深埋隧道。

（三）按其长度分

短、中、长和特长四类，见表1-1。

按长度对隧道进行的分类　　　　　　　　　　表 1-1

隧道分类	特长隧道	长隧道	中隧道	短隧道
隧道长度（m）	$L>3000$	$3000 \geqslant L \geqslant 1000$	$1000>L>250$	$L \leqslant 250$

（四）按其断面大小分（见表1-2）

按断面大小对隧道进行的分类　　　　　　　　　　表 1-2

隧道分类	特大	大	中	小	极小
断面积 F（m^2）	>100	$50\sim100$	$10\sim50$	$3\sim10$	<3

（五）按其断面形式分

1. 直墙式

见图1-1、图1-2。

1

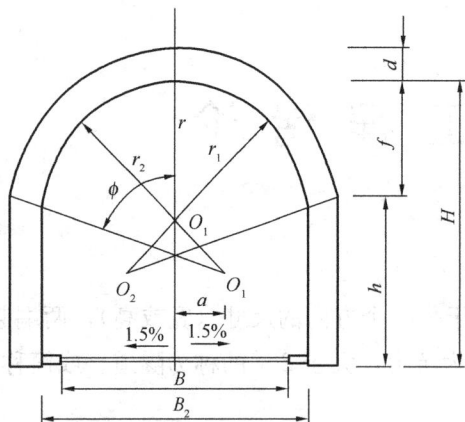

图 1-1　直墙式衬砌

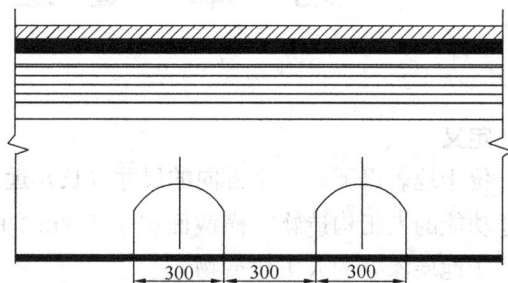

图 1-2　连拱边墙或柱式边墙

2. 曲墙式

见图 1-3 和图 1-4。

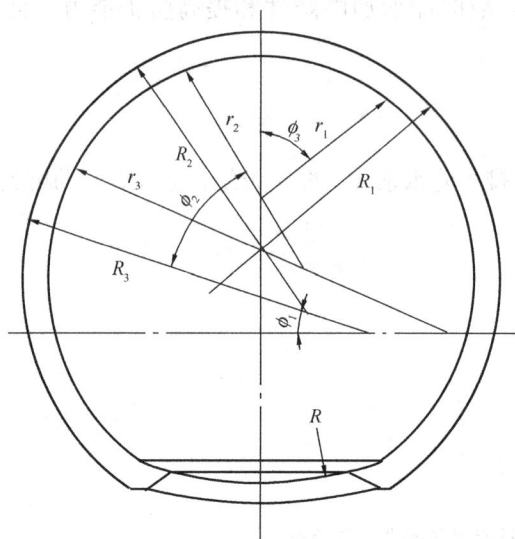

图 1-3　曲墙式衬砌

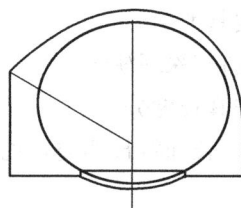

图 1-4　曲墙式衬砌

（六）按其用途分

1. 交通隧道

提供交通运输和人行通道，满足畅通要求。

（1）公路隧道——专供汽车运输行驶的通道。

（2）铁路隧道——专供火车运输行驶的通道。

（3）水底隧道——修建于江、河、湖、海洋底下的隧道，供汽车和火车运输行驶的通道。

（4）地下隧道——建于城市地层中，为解决城市交通问题的车辆运输的通道。

（5）航运隧道——专供轮船运输行驶而建的隧道。

（6）人行隧道，供行人通过的隧道。

2. 水工隧道

是水利工程和水力发电枢纽的一个组成部分。包括以下几种：

（1）引水隧道，将水引入水电站的发电机组或为水的调动而修建的孔道。

（2）尾水隧道，将水电站发电机组的废水排出的隧道。

（3）导流隧道或泄洪隧道，为水利工程中疏导水流并补充溢洪流量超过限量后的泄洪而建的隧道。

（4）排砂隧道，用来冲刷水库中淤积的泥沙而建的隧道。

3. 市政隧道

充分利用地下空间，将各种不同的市政设施安置在地而修建的地下孔道。其类型有：

（1）给水隧道，为城市自来水管网铺设系统修建的隧道。

（2）污水隧道，为城市污水排送系统修建的隧道。

（3）管路隧道，为城市能源供给（燃气、暖气、热水等）系统修建的隧道。

（4）线路隧道，为城市电力电缆和通信电缆修建的隧道。

（5）人防隧道，为城市战时防空目的而建的防空避难隧道。

（6）线路隧道，在矿山开采中，为了能从山体外通向矿床和将开采到的矿石运输出来而建的隧道。

五、尺寸

（1）长：指进出口洞门端墙墙面之间的距离（或两端墙与路面交线之间的距离）。

（2）宽：两侧墙之间的净距。

（3）高：底面到拱顶底的垂直距离。

六、示例

（一）单项选择题

1. 某地下人工构造物，长 1000m，宽 6m，净高 5m，其为（A）。

（A）隧道　　　　（B）坑道　　　　（C）涵洞

2. 某隧道长 1500m，宽 8m，净高 8m，其为（A）隧道。

（A）长、大　　　（B）长、中　　　（C）中、大　　　（D）中、中

3. 短隧道长度为（A）m。

（A）≤250m　　（B）250～1000m　（C）1000～3000m　（D）>3000m

4. 下列说法不正确的是（D）。

（A）道路隧道是道路穿越山岭修建的工程结构物

（B）隧道与周围岩（土）体有密切关系

（C）隧道与围岩相互影响、相互作用

（D）不同围岩在修建隧道时会有相当的地质现象

（二）多项选择题

隧道按照地质条件一般包括（AB）等。

（A）岩石隧道　　　　　　　　（B）软土隧道

（C）山岭隧道　　　　　　　　（D）城市隧道

（E）水底隧道

（三）习题

1. 试述隧道的分类。

2. 试述修建城市隧道的优点。

3. 某隧道长为4279m，最大埋深为1049m，净宽为10.14m，净高为6.58m，净空面积为55.65m²，该隧道为（　　）。

(A) 深埋长隧道　　(B) 深埋中隧道　　(C) 浅埋长隧道　　(D) 浅埋中隧道

第二章 隧道结构构造

第一节 构造概述

一、主体结构

1. 定义

为保持岩体稳定和行车安全而修建的人工永久建筑物。

2. 组成

（1）洞门：根据岩石稳定性、通风方式、照明状况、地貌以及环境条件决定它的构造，其有直立式、曲线式两类。它也是隧道的起点、终点。其作用是防止洞口坍方落石，保持仰坡和边坡稳定。

（2）洞身：由暗挖的岩土空间经衬砌而成的洞体。是承受围岩压力、结构自重和其他荷载，防止围岩坍落、风化，并具备，防水、防潮的一个衬砌而成的构造物。其衬砌断面形状及厚度由衬砌计算而定，衬砌平、纵、横断面形状由隧道几何设计确定。

二、附属结构

主体结构以外的其他建筑物，都为附属结构。为了运营管理、维修养护、给水排水、供蓄发电、通风、照明、通信、安全等而修建的构造物。

1. 避人洞

作用是避人。其尺寸：拱顶高 2.2m，起拱线高 1.7m，宽 2m（图 2-1～图 2-3）。

2. 避车洞

作用是避车。其尺寸：拱顶高 2.8m，起拱线高 4m，深 2.5m（图 2-1、图 2-2、图 2-4）。

它们的布置如图 2-1、图 2-2 所示。

3. 通风

（1）自然通风——短小隧道及导坑凿通后；

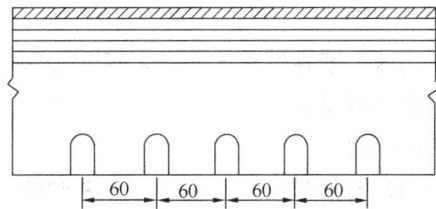

图 2-1 避人（车）洞正面示意图

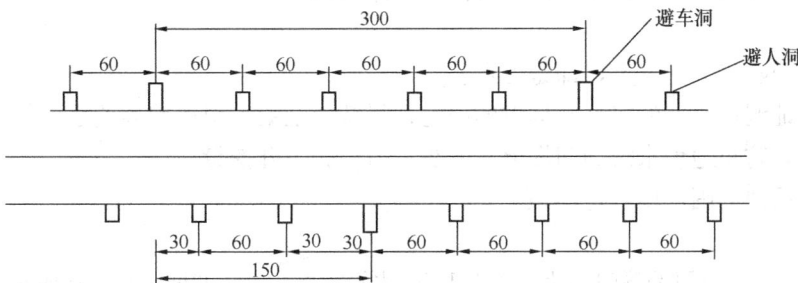

图 2-2 避人（车）洞平面示意图

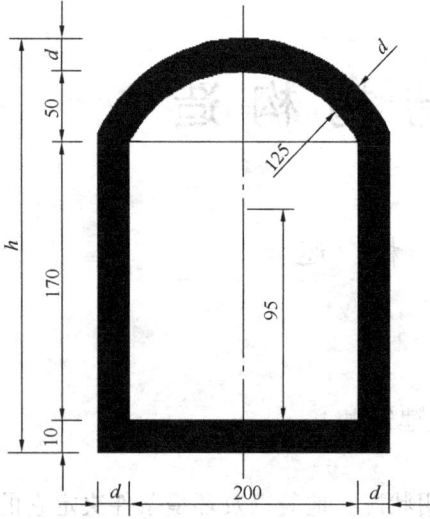

图 2-3 避人洞尺寸图

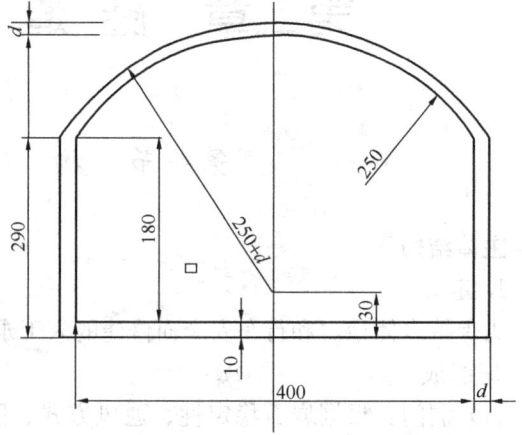

图 2-4 避车洞尺寸图

（2）机械通风：①吸入式——适用 200～400m；②吸出式——适用 400～600m；③混合式——适用 600～800m。它们一般挂在导坑顶。

4. 照明

①照明线一般用双芯橡软线，根据断面尺寸以 4～8m 为间距，悬挂在 2～4m 高度；②动力线一般用三相三线，成洞部分用 220V 的固定线路，导坑内装在全长。

5. 给水

山区一般在洞口建水池，后用直径 50mm 的高压水管压入或由直径 50mm 的管从有自来水源处接入。

6. 排水

（1）自然排水——沿纵坡在两侧或中心挖水沟，每隔 100m 设集水坑。

（2）机械排水——沿反坡方向排水。

第二节 洞 门

一、定义

隧道两端外露部分，是联系洞身和洞门外路堑的支护结构。

二、作用

（1）表明隧道的起讫点，即是咽喉。

（2）保证洞口边坡的安全和仰坡的稳定；拦截、汇集和引离地表流水，使水沿排水渠道排离洞门，防止地表水沿洞门漫流，减少洞口土石方开挖量。

（3）对洞门周围环境进行美化。

三、构造

（1）洞口仰坡地脚距洞门墙背应大于 1.5m 水平距离，以防仰坡土石落到地面危及安全。

（2）端墙与仰坡间水沟的沟底至衬砌拱顶外缘高度大于 1.0m，以免落石破坏拱圈。

（3）洞门墙顶应高出仰坡 0.5m 以上，以防水流溢出墙顶，也可防止掉落土石弹出。

（4）洞门墙厚度大于 0.5m，由计算而定。

（5）洞门应根据情况设置伸缩缝、沉降缝、泄水孔，以防洞门变形。

（6）洞门基础设在稳固位置上。

四、形式

1. 端墙式洞门

适用于岩质稳定的Ⅲ类以上围岩及地形开阔的地区（图 2-5），是最常使用的洞门形式。

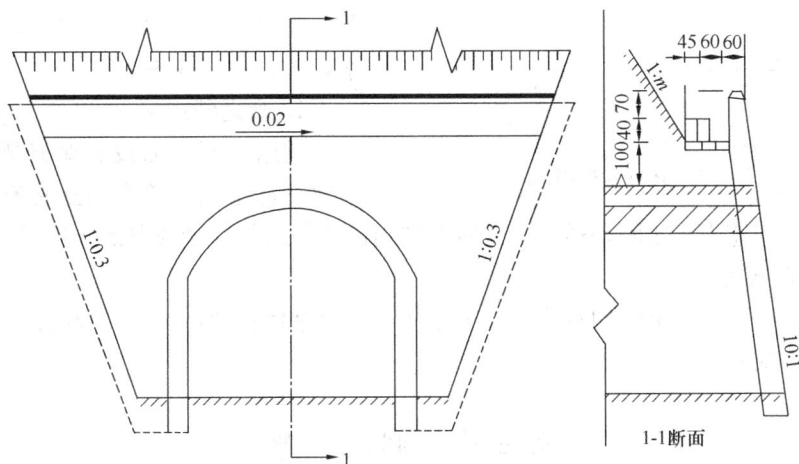

图 2-5　端墙式洞门

2. 翼墙式洞门

适用于地质较差的Ⅲ类以下围岩及需开挖路堑的地方。其由端墙（顶面有排水沟）及翼墙（为支撑路堑边坡和稳定端墙而设置的）组成（图 2-6）。翼墙是为了增加端墙的稳定性而设置的，同时对路堑边坡也起支撑作用。

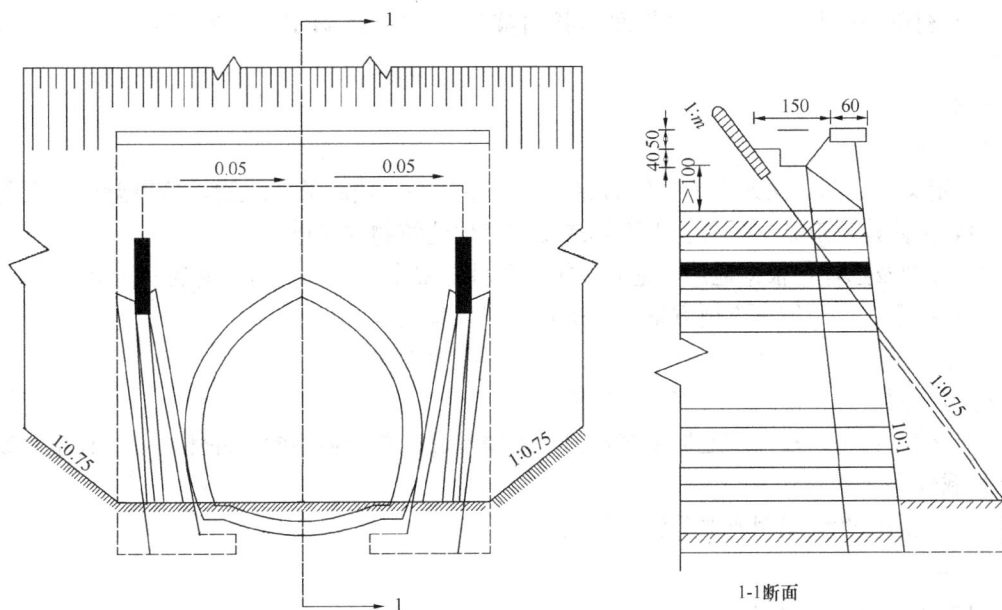

图 2-6　翼墙式洞门

7

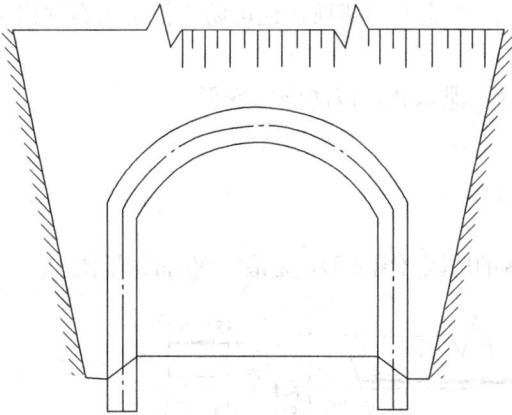

图 2-7 环框式洞门

3. 环框式洞门

适用于洞口岩石坚硬、整体性好、节理不发育，且不易风化，路堑开挖后仰坡极为稳定且没有较大排水要求时，亦适用于洞口为松软的堆积层时。通常应避免大量清刷仰坡和边坡时采用接长明洞恢复原地貌的办法，此时环框上方及两侧仍应设置排水沟渠，以排除地表水，防止漫流（图 2-7）。

4. 遮光棚式洞门

适用于洞外需设置遮光棚时，入口通常外伸很远。遮光构造物有开放式和封闭式之分前者遮光板之间是透空的，后者则用透光材料将前者透空部分封闭。

5. 其他形式的洞门

①立柱式——端墙上增加对称的两个立柱；不但雄伟壮观，且增加洞门稳定性；②削竹式；③端墙式。

第三节 洞 身

一、定义

由暗挖的岩土空间经衬砌而成的结构物。

二、特点

（1）上有覆盖层。

（2）衬砌——其平、纵、横断面形状由隧道几何设计确定，其形状和厚度由计算而定。

三、形式

1. 明洞

1）定义：以明挖法或露天修建的隧道或下穿公路、铁路的建筑物，防雪遮阳棚洞等掘开地表土修建隧道结构后再在上面填或修建其他建筑物的隧道。

2）类型及选择：根据地形、地质、施工条件、安全、经济实用、美观来确定。

（1）拱形：①边坡一方坍方量大，落石较多且基底地质好。

②保护洞口的自然环境。

③防止洞口边、仰坡滚石需加长隧道。

（2）棚洞：①路基外侧地形狭窄，内外侧墙基底地质明显不同，外侧基础工程量大或洞顶荷载较小。

②建筑高度受到限制或地基软弱的地方。

2. 暗洞

埋藏在低层深处的隧道。

四、衬砌（亦称被覆）

1. 定义

隧道周边构筑的永久性支护结构。

2. 作用

一是承重（即承受围岩的压力、地下水压力、结构自重压力及其他荷载的作用）；二是围护（防止围岩风化与崩塌及防水、防潮）；三是保证净空。

3. 要求

隧道衬砌是永久性重要结构物，应有可靠性和保证率。一旦受到破坏，运营中很难恢复。因此，应具有足够的承载力，耐久、抗渗、抗冻、耐腐蚀性。

4. 形式

1）按功能分

（1）承载衬砌：承受围岩垂直和水平方向压力的衬砌。一般由拱顶和边墙组成。侧墙根据水平压力大小可做成直墙式（参见图 1-1）及曲墙式（参见图 1-4）。常用材料是混凝土、钢筋混凝土或浆砌片石。

（2）构造衬砌：承受围岩压力很小，为防止岩石局部松动下落和防止风化而建造的衬砌。一般浇筑 20～30cm 厚或加锚杆喷 8cm 厚混凝土即可。

（3）装饰衬砌：山体岩石整体性很好且一直在Ⅵ类以上时，为防止洞表面岩石风化而做的衬砌。通常是喷 2～3cm 厚的水泥砂浆或 6cm 厚的混凝土。

2）按组成分

（1）整体式衬砌：是传统的衬砌结构形式。在新奥法问世前，广泛应用于隧道工程中，它不考虑围岩的承载作用，主要通过衬砌结构刚度抵御地层的变形来承受围岩的压力。它一般采用就地整体模筑混凝土衬砌，方法是在隧道内树立模板、拱架，然后浇筑混凝土而成。适用于不同的地质条件，易于按需成型，且适合多种施工方法。

（2）复合式衬砌：是目前隧道工程中常采用的衬砌形式。其设计施工工艺及与其对应的衬砌及围岩受力状态均较合理；其质量可靠，能够达到较高的防水要求，也便于锚喷、钢支撑等工艺。它既能充分发挥锚喷支护的优点，又能发挥二次衬砌永久支护的可靠作用。复合式衬砌由初次支护和二次支护组成，因此亦称为二次衬砌。隧道开挖后，首先用锚喷作为初期支护。初次支护是限制围岩在施工期间的变形，达到围岩的暂时稳定；二次支护则是提供结构的安全储备或承受后期围岩压力。因此，初期支护应按主要承载结构设计；二次支护在Ⅳ类及以上围岩时按储备设计；在Ⅲ类及以下围岩时按承载（后期围岩）结构设计，并均应满足构造要求。

在确定开挖尺寸时，应预留必要的初期支护变形量，以保证初期支护稳定后，二次衬砌的必要厚度。当围岩呈"塑性"时，变形量比较大。由于预先设定的变形量与初期支护稳定后的实际变形量往往有差距，故应经常量测校正，使延续的各衬砌段的预留变形量更符合围岩及支护变形实际。

3）按施工方法不同分

（1）模筑式衬砌：采用现场立模灌筑整体混凝土或砌筑砌块、料石，壁后空隙进行填充和灌浆，使之与围岩紧贴。

（2）锚喷式衬砌：可作为隧道的永久衬砌，一般在Ⅳ类及围岩中采用。当在Ⅴ类及以上时只需喷混凝土衬砌即可，此时喷射混凝土的作用为：局部稳定围岩表层少数已松动的岩石，保护和加固围岩表面，防止风化；与围岩形成表面较平整的整体支撑结构，确保运营安全。

在层状围岩中，其结构面或层状可能引起不稳定，开挖后表面张裂，岩层沿层滑动或受挠折断，可能引起坍塌。块状围岩受软弱结构面层交叉切割，可能形成不稳定的危石。此时应加入锚杆支护，通过连接作用、联合原理保护和稳定围岩，并通过喷射混凝土表面封闭和支护的配合，使围岩和锚杆喷射混凝土形成稳定的承载结构。锚杆与面层垂直，就能够充分发挥锚杆的锚固作用，有效地增加层面或结构面间的压应力和抗滑动摩阻力。锚杆应与稳定围岩连接；与没有松动的较完整的稳定围岩体连接，且锚杆应有足够的锚固长度，伸入松动围岩以外或伸入承载环以内一定深度（图 2-8、图 2-9）。

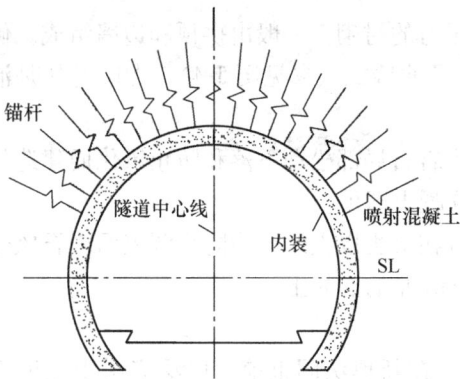

图 2-8　喷（混凝土）锚（杆）衬砌

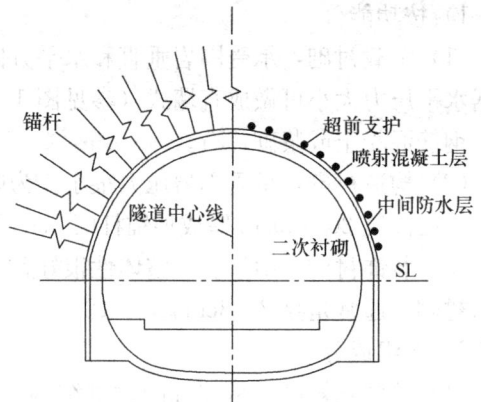

图 2-9　复合式衬砌

锚喷衬砌的内轮廓线，宜采用曲墙式的断面形式。这是为了使开挖时外轮廓线圆顺，尽可能减少围岩中的应力集中，减小围岩内缘的拉应力，尽可能消除围岩对支护的集中荷载，使支护只承受较均匀的形变压力，使喷层支护都处在受压状态而不产生弯矩。锚喷衬砌外轮廓线除考虑锚喷变形量外，宜再预留 20cm。其原理是：锚喷作为永久支护，而它属于柔性支护结构。变形量较大，预留变形量能保证以后有可能补强和达到应有的补强厚度而留有余地。另外，锚杆喷射要保证二次衬砌的最小厚度 20cm。

5. 内轮廓线确定原则

（1）内轮廓线应符合隧道限界规定。

（2）内轮廓线应满足洞内路面、排水设施、装饰需要，并为通风、照明、消防、监控、运营管理等设施提供安装空间，同时考虑围岩变形、施工方法影响的预留富余量。这样可使确定的断面形式及尺寸符合安全、经济、合理的原则。

一般隧道断面内轮廓是统一标准的——拱部为单心圆，侧墙为大半径圆弧，仰拱与侧墙用小半径圆弧连接。

6. 材料

隧道是地下结构物。除了满足运输在使用上的要求外，还应具有耐久性、足够的承载力、抗渗性、抗冻性、耐腐蚀性及材料价格便宜、就地取材、机械化施工。通常用以下材料：

1）模筑混凝土——持久保证隧道功能的重要结构。

（1）适用：除地质坚硬、不易风化的Ⅵ类围岩外。

（2）材料与级配：

水泥可用硅酸盐水泥、普通硅酸盐水泥、火山灰质硅酸盐水泥、粉煤灰质硅酸盐水泥和快硬硅酸盐水泥。必要时可用其他特种水泥。水泥强度一般与混凝土等级比为 1.2～2.2，但应采用普通硅酸盐水泥。

砂应用坚硬耐久、粒径在 5mm 以下的天然砂或机制砂。砂中不宜有黏土团块、煤炭、石灰、杂草等有害物。

石子应用坚硬耐久、连续级配的碎（卵）石，颗粒表面洁净，表面不附有黏土等杂物。

水可用供饮之水。

外加剂在使用前须试验，确定其性质、有效物质含量、溶液配制方法和最佳掺量。

2）钢筋混凝土常用格栅钢架并加上连接钢筋作为临时支护后成为永久支护。

3）喷射混凝土——用混凝土喷射机高速喷射到洁净的岩石表面上凝结而成。

4）锚杆与锚喷支护——先设置锚杆（机械型、粘结型、预应力），再喷射混凝土而成的锚杆支护。

5）石料：用质地坚硬的块石、料石砌筑。

6）装配式材料——适用于盾构法、明洞施工中。

第四节 附 属 结 构

一、路面

1. 不设仰拱的路面结构为整平层、基层、面层

（1）岩石路基应置于稳定的石质地基上。

（2）岩石路基整平层混凝土的弯拉强度与基层相同，厚度为 10～15cm。

（3）基层宜采用素混凝土，厚为 12～20cm。抗拉强度不低于 1.8MPa，抗压强度大于 C20，当摊铺宽度大于 7.5m 时，应设纵缝和相应的横缝。

2. 设仰拱的路面只仅基层与面层

基层下仰拱的填充材料和填充要求应符合《公路隧道设计规范》JTG D 70—2004 中的规定。

3. 路基宜设完整的管（沟）排水系统。对于不设仰拱且用沥青混凝土面层时，排水系统应使地下水位低于路基顶面下 30cm，且应符合防冻深度的要求。

4. 路面可用混凝土或沥青混凝土，在具体设计时必须满足如下条件

（1）混凝土路面：常采用，因其反射率比沥青混凝土高，且横向抗滑力好；缺点是产生裂缝难修补，高寒地区为防滑需设置磨耗层。设计时，对一级公路和高级公路宜采用连续配筋混凝土石层或钢纤维混凝土面层。表面应刻槽、压槽、拉毛或凿毛，其深度为 0.8～1.2mm；对二、三、四级公路可用设接缝的普通混凝土面层，其刻槽或拉毛深度为 0.6～1mm。

（2）沥青混凝土面层：其反射率低、路面亮度小，因此在沥青混凝土路混合物中应加石英或铝或浅色石子和氧化钛作填充材料。

（3）上面层用沥青混凝土，下面层用混凝土的复合式路面。这时上面层应由粘结层和沥青面层组成，可用厚度为8～10cm的双层式。防水抗滑耐磨表层必要时可用阻燃性良好的、有利光电照明、反光特性良好的沥青混凝土。而粘结层使沥青面层、防水层、混凝土面板结成整体。

二、内部装饰

隧道内未经内装混凝土衬砌表面粗糙，易吸附已经排出废气的黏稠油分，并与烟雾、尘埃一起，污染很快，使墙面的反光率降低。

经过内装的墙面具有不易污染，且可清洗、耐酸，表面有光滑、平整、明亮的优点。

内装时厚度不得入侵建筑界限，且装饰材料应有无毒、耐火、吸水膨胀率低、反光率高、易清洗、耐磨、耐用、吸收噪声等特点。内装高度应高于路面2m以上。

内装材料可用瓷砖、涂料、装饰板材等。

三、紧急停车带与车行横道、人行横道

1. 紧急停车带

见图2-10。

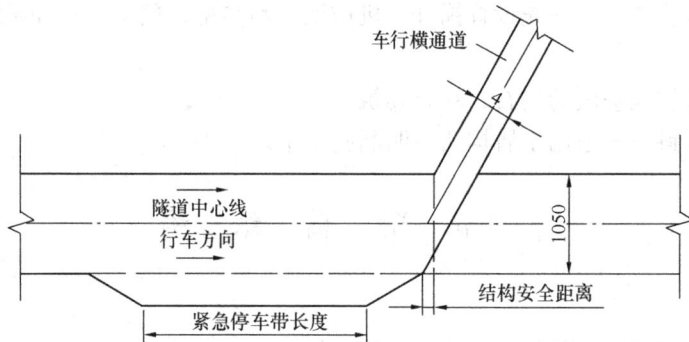

图 2-10　紧急停车带与车行横通道的配合布置（m）

（1）为使故障车离开干道进行避让，以免发生交通事故，引起混乱，影响通行能力而专供紧急停车使用的停车位置。通常将停车带（包括进出路宽）整体加宽，长度20m。

（2）缺点：会加大正洞跨度，对结构不利，应选择地质良好地段。

2. 车行横通道

为在火灾发生时，使后续车辆疏散、避难、退避而设，一般将车行横通道与正洞形成90°的夹角（在单车道时为45°～60°），在1000～1500m长的隧道中间设一处（即750m左右设一处）且应有通风、照明、报警设备和指示性标志（图2-11）。

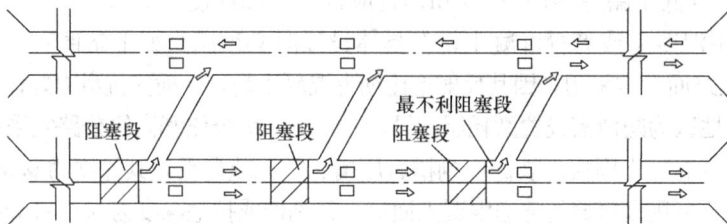

图 2-11　有横通道的单向交通长隧道事故时的交通信号控制状态

3. 人行横通道

（1）为使隧道内一旦发生事故时，隧道内车辆的乘客或驾驶员疏通而设。

（2）人行横通道净空：2.5m（高）×2m（宽），间距在250～500m内，应有足够的照明、报警设备和指示性标志。

4. 自行车和行人通道

（1）1km以下的城市隧道，为安全和经济，应在隧道一侧或两侧设置检修通道。

（2）人行通道宽为0.75～1m，应比车行道高0.25m，净高为2.5m。

（3）自行车道宽为1～1.5m，应比车行道高0.25m，净高为2.5m。

四、公用隧管

为使多种公用管线敷设而设置的专用隧管，其所需断面要根据通过管线数量、种类、维修通道和操作空间确定，通常按建筑行业规范或标准图设计。

五、防排水设施

一般采用排、堵、截三者结合的办法。

（1）排是利用盲管（沟）、泄水管、槽、排水侧沟和中心排水沟等将水排出洞外。

盲管（沟）是在衬砌背后用片块石砌成排水沟通道或埋入蛇形管、波纹管、Ω形管、半圆形管等组成排水通道。

排水沟亦可在纵向设中心沟，其适当间距设汇水井和窨井，亦可在路侧设置。

（2）堵即在隧道内设隔水层，使地下水不能涌入隧道。一般在衬砌外表面设置外贴式防水层、衬砌接缝处用止水带，在喷射混凝土内表面张挂高分子防水卷材。

（3）截是切断涌向隧道的水源，把可能流入隧道的地表水和地下水通道截断。隧道未开挖前，地表水和地下水各自经过原有渠道和孔隙流动，隧道一旦开挖之后，原有的平衡被破坏，便形成了新的地下通路，地下水会汇集并涌入隧道，地表水也会大量渗入。

第五节 示例与习题

一、示例

（一）单项选择题

1. 隧道主体建筑物包括（A）。

（A）洞门 　　　　（B）通风 　　　　（C）照明 　　　　（D）防排水

2. 洞门的主要作用是（B）。

（A）隧道与进出道路连接的部分，起连接作用

（B）防止洞口坍方落石，保持仰坡和边坡稳定

（C）便于将排水和废气引出隧道

（D）便于车辆进出

3. 洞身衬砌的主要作用（D）。

（A）承受结构自重，洞内防水、防潮

（B）确保行车安全、舒适

（C）形成隧道空间，便于行车

（D）承受围岩压力，防止风化、崩坍

13

（二）多项选择题

1. 保证行车安全，舒适的隧道附属建筑物包括（ABCE）。

(A) 通风　　　　　(B) 照明　　　　　(C) 防排水

(D) 交通标志线　　(E) 安全设备

2. 洞门形式有（ABCE）。

(A) 端墙式　　　　(B) 翼墙式、模筑式(C) 立柱式、锚喷式

(D) 喇叭式、复合式(E) 环框式

3. 隧道衬砌按施工方法不同有（BC）。

(A) 整体式　　　　(B) 模筑式　　　　(C) 锚喷式　　　　(D) 复合式

4. 隧道是永久性建筑物，应具有（ABCD），一旦受到破坏运营中很难恢复。

(A) 可靠性　　　　(B) 安全性　　　　(C) 保证率　　　　(D) 抗渗抗腐性

5. 修建在岩层中的隧道称为（BC）。

(A) 软土隧道　　　(B) 岩石隧道　　　(C) 山岭隧道

(D) 城市道路隧道　(E) 公路隧道

二、习题

（一）单项选择题（只有一个最符合题意）

1. 隧道通常是指用作（　　　）的工程建筑物。

(A) 岩层中　　　　(B) 土层中　　　　(C) 山体中　　　　(D) 地下通道

2. 按地质条件不同，隧道一般可分为（　　　）两大类。

(A) 岩石隧道、软土隧道　　　　　(B) 水底隧道、城市隧道

(C) 山岭隧道、海峡隧道　　　　　(D) 公路隧道、铁路隧道

3. 隧道通常由（　　　）组成。

(A) 洞身衬砌和洞门　　　　　　　(B) 主体建筑物和附属建筑物

(C) 墙身和拱圈　　　　　　　　　(D) 墙身、拱圈砌筑

4. 隧道的主体结构包括（　　　）。

(A) 洞身砌筑和照明通风　　　　　(B) 洞身砌筑和照明通风、安全设施

(C) 洞身砌筑和洞门建筑　　　　　(D) 洞身砌筑和照明通风、排水设施

5. 隧道的附属建筑物包括通风、防排水、安全设备等，其作用是（　　　）。

(A) 确保行车安全舒适　　　　　　(B) 保持洞内能见度和清洁空气

(C) 保证洞内路面干燥　　　　　　(D) 防止隧道渗水和行车舒适

6. 下列说法不正确的是（　　　）。

(A) 道路隧道是道路穿越山岭修建的工程结构物

(B) 隧道与周围岩（土）体有密切关系

(C) 隧道与周围相互影响和相互作用

(D) 不同围岩在修建隧道时含有相同的地质现象

（二）多项选择题（有两个或两个以上符合题意，至少有一个错项）

1. 用作地下通道的隧道有（　　　）。

(A) 山岭隧道　　　(B) 道路隧道　　　(C) 软土隧道

(D) 城市道路隧道　(E) 水底隧道

2. 隧道的附属建筑物包括（　　）。

（A）洞门　　　　　（B）洞门仰坡　　　（C）通风照明

（D）防排水　　　　（E）安全设备

3. 隧道工程由（　　）组成。

（A）主体建筑物　　（B）洞身砌筑　　　（C）附属建筑物

（D）洞门　　　　　（E）照明及安全设备

4. 修建在土中的隧道称为（　　）。

（A）软土隧道　　　（B）岩石隧道　　　（C）山岭隧道

（D）城市道路隧道　（E）公路隧道

5. 隧道洞门的主要作用有（　　）。

（A）承受围岩压力　　　　　　　　　（B）承受结构自重

（C）防止洞口坍方　　　　　　　　　（D）保持仰坡、边坡稳定

（E）防止岩石风化

6. 隧道主体建筑物有（　　）。

（A）洞身砌筑　　　　　　　　　　　（B）洞门

（C）通风设备　　　　　　　　　　　（D）照明设备

7. 洞身砌筑的主要作用有（　　）。

（A）承受围岩压力　　　　　　　　　（B）承受结构自重

（C）防止洞口坍方　　　　　　　　　（D）防止岩石风化

（E）保持仰坡、边坡稳定

三、习题答案

（一）单项选择题

1. A；2. A；3. B；4. C；5. A；6. D

（二）多项选择题

1. BDE；2. CDE；3. AC；4. ADE；5. CD；6. AB；7. ABD

第三章 隧道勘测设计知识

第一节 隧道结构荷载

一、隧道结构荷载的分类

见表 3-1。

隧道结构荷载的分类   表 3-1

编号	荷载分类		荷 载 名 称
1	永久荷载		围岩压力
2			土压力
3			结构自重
4			结构附加恒载
5			混凝土收缩和徐变的影响力
6			水压力
7	可变荷载	基本可变荷载	公路车辆荷载、人群荷载
8			立交公路车辆荷载及其所产生的冲击力、土压力
9			立交铁路车辆荷载及其所产生的冲击力、土压力
10		其他可变荷载	立交渡水槽水压力
11			温度变化影响力
12			冻胀力
13			施工荷载
14	偶然荷载		落石冲击荷载
15			地震作用

二、按作用在衬砌上的荷载性质分

（一）主动荷载

1. 定义

主动作用于结构并引起结构变形的荷载。

2. 分类

（1）主要荷载：长期和经常作用于结构上的荷载。有围岩压力、回填土荷载、衬砌自重、地下静水压力、车辆荷载等。

（2）附加荷载：非经常作用于结构上的荷载。有注浆压力、冻胀压力、混凝土收缩压力、温度应力及地震作用。

（二）被动荷载

（1）定义：因结构变形压缩围岩而引起的围岩被动抵抗力。

（2）弹性抗力属于被动荷载。它只产生在被衬砌约束的那部分围岩的周边。

三、隧道设计

（一）隧道设计按承载能力和正常使用分别组合，并按最不利情况组合，并按最不利组合进行设计。

一般情况下仅考虑主要荷载，特殊情况下进行必要组合，并选择相应的安全系数验算衬砌结构强度。

（二）结构计算基本荷载＝围岩压力＋结构自重力

1. 围岩压力（亦称山岩压力或地层压力）

1）定义

围岩的变形挤压或各种破坏而作用在支护衬砌上的压力。

2）分类

（1）形变围岩压力：围岩塑性变形所引起的作用在支护衬砌上的挤压力。

（2）松动围岩压力：围岩中松动坍塌部分的岩石块重量或它的分量对支护衬砌的压力。

（3）冲击围岩压力：围岩外引起的压力。

（4）膨胀围岩压力：即形变围岩压力，只是引起形变的原因是由于亲水矿物（例如蒙脱石、伊利石）组成的某些围岩吸水膨胀。

3）作用在隧道支护上的压力

垂直压力、侧压力、底压力。

（1）垂直压力——支护顶部。

（2）侧压力——支护侧部。

（3）底压力——支护底部。

4）计算规定

见《公路隧道设计规范》JTG D70—2004。

深埋隧道围岩力确定

浅埋隧道围岩力确定

偏压隧道围岩力确定　　见《公路隧道设计规范》JTG D70—2004 中的规定。

明挖浅埋隧道围岩力确定

2. 衬砌自重

按预先拟定的尺寸和材料密度计算。

3. 地下静水压力

按地下水位（以最低水位）计算。

4. 附加荷载计算

按《公路隧道设计规范》JTG D70—2004 规定。

四、衬砌结构设计

（一）基本原则

最大限度地利用和发挥围岩的自承能力

（二）要求

1. 在满足建筑限界和保证足够的净空之外，有足够的强度和稳定性，以保证在使用期内结构物有可靠的安全性。

2. 衬砌断面宜采用曲边墙拱形断面；隧道围岩较差地段应设仰拱；隧道洞口段衬砌应加强。

第二节 设计前的工程调查

隧道设计与道桥设计一样。在设计前必定要调查、勘测，获得修建隧道所在地的地形、地质、气象、环境、施工条件等必不可少的资料。

一、设计前的工程调查

设计前的工程调查　　　　　　　　　　　　　表 3-2

步骤	目标	内容和方法	范围
踏勘	为路线走向比选提供区域地形、地质、环境等基本资料	搜集、分析已有资料及对沿线进行地面踏勘	大于路线可能方案的范围
初勘	获取路线所需地形、地质、其他环境资料，为方案比较及详勘提供基础资料	搜集、分析既有资料，现场踏勘，测绘和必要的勘探工作	大于比选方案的范围
详勘	获取技术设计、施工计划、预算所需的地质、环境资料	详细地进行地形、地质、环境等调查，按要求进行钻探、测试	隧道路线两侧及周边地区

二、地形、地质调查

（一）自然地理

隧道所在地属越岭、傍山还是临近水库？周围的地形地貌情况如何？

（二）工程水文地质

（1）地层、岩性及地质构造变动的性质、类型、规模；围岩的基本物理力学性质。

（2）断层、节理、软弱结构面特征及其与隧道的组合关系。若存在区域性断裂构造，特别是存在全新活动断裂时，应查明新构造活动的痕迹、特点与地震关系，并查明其对隧道的影响程度。

（3）不良地质和特殊地质现象（即崩塌、错落、岩堆、岩溶或人工坑洞、采空区、泥石流、湿陷性黄土、岩渍土、岩盐、地热、多年冻土、冰川）位置及其发生、发展原因、类型、规模和发展趋势；分析其对隧道洞身和洞口的影响，预测隧道开挖后可能出现坍方、滑动、挤压、岩熔、突然涌水、流砂及瓦斯溢出的地段，并提出相应的工程措施。

（4）越岭隧道，应查明不同越岭高程的地质条件，选择工程地质条件较好的位置穿过。

（5）沿河傍山地段隧道，应查明、分析斜坡地质结构特征及其稳定性和水流冲刷对山体和洞口的影响。

（6）临近水库地区隧道，应查明岸坡的稳定性、水库库容及水位（含浪高和雍水高）。

（7）当隧道穿过岩溶洼地或坡立谷间的峰丛斜坡底部时应查明洼地或坡立谷的季节性雍水的最高水位高程。

（8）隧道通过含有害气体或有害矿体地层时，应查明其分布范围、有害成分和含量，并提出防治措施。

（9）确定隧道所在地区的地震动峰值加速度系数及地震基本烈度，计算地震作用。

第三节 隧 道 勘 测

一、勘测阶段

与公路设计阶段相适应，其分为可行性研究勘测、初步勘测与详细勘测三个阶段。

（一）可行性研究勘测

根据其工作深度分：

1. 预可行性研究

侧重收集与研究已有文献资料。

2. 工程可行性研究

在已有资料基础上进行实地踏勘、实地调查，勘探和查明不良地质地段的重要工点。

（二）初步勘测

1. 前提

在批准的可行性研究报告推荐建设方案基础上对初选的路线进行勘测。

2. 任务

在隧道线位区间内初步勘察不良地质地段情况，以确定隧道可否通过或怎样通过，并编制初步设计时的地质资料。

3. 内容

（1）收集资料：收集已有资料、可行性研究报告、隧道所在位置的初步总平面布置图及有关文件。

（2）根据工程地质选定隧道线位。

（3）填写工程地质原始资料，整理初勘资料，使其符合设计文件的编制要求。

（三）详细勘测

1. 目的

根据详细勘测为线位布设和编制施工图设计提供完整的工程地质资料。

2. 任务

在初勘基础上查明沿线地质及不良地段的地质特征，获得地质数据，为施工图设计提供详细的地质资料。

二、勘测方法

（一）搜集研究已有资料

1）区域地质资料——区域内的地质特征、地质构造。

2）地形地质资料：

（1）地形图：1/50000～1/25000的地形图用于路线规划；用于隧道方案比选及定位的是1/2000～1/1000的地形图。

（2）遥感照片——用于长大隧道。

（3）地质和水文地质资料——判断和分析地质构造，并直观看到断层、滑坡、溶洞、塌陷等不良地质问题。

3）区域水文地质资料：

从地质部门收集1/100000～1/50000的地质图，供选线和方案比选使用。在拟定了隧道线路方案后还需其长度和宽度的条带状地质图。

4）各种特殊地质地段和不良地质现象（滑坡、崩塌、岩堆、岩溶、膨胀土、软土、湿陷黄土、泥石流、盐渍土、岩盐、多年冻土、泥沼、煤层、冰川、雪崩和沙漠等）的分布情况、发育程度与活动特点。

5）地震资料。

6）气象资料。

7）与用地及环境有关的资料——用地包括工程用地（洞门仰坡占地）及施工用地（临时用地及弃渣场）

8）工程资料——技术资料及档案。

（二）调查与测绘

1. 定义

对隧道通过工程地质条件进行研究，并将查明的地质现象和获得的资料绘于有关图表或记录本中。

2. 范围

沿隧道两侧带状区域进行。

3. 方法

采用沿线调查法。

4. 内容

1）工程地形地质

（1）地形调查的目的是在现有地形条件下使线路满足规范要求，尽可能得到优化。

（2）地质调查是核对在实际地质条件上可否得到稳定的结构物，查明单斜的产状和成层条件、折曲构造要素和类型规模、断层的要素、性质类型、破碎带规模及影响范围、节理裂隙、各类结构面的产状、发育状况、填充物质、力学性质。结构面的不利组合和地下水渗流情况包括，查明地层岩性、层序、成因、年代、产状、分布规律及其接触关系、接触面特征、岩石风化、破碎程度和抗风化能力等，岩土的物理力学性质，有害气体存在与否及其分布含量和成分、地温情况等。

（3）地形地貌调查要查明自然地理概况及其与地质因素的关系；洞口与洞顶的海拔标高，位于洞顶或附近的深坑与洼地的成因及其发育特征；河流与河谷的冲刷切割；水库与水塘分布等。

（4）地形地质调查是查明地形、地质条件对路线线形、隧道位置（洞口及长度）、引线及对施工道路和其他附属工程的影响。

（5）地质调查范围：隧道穿越的全部地段及其延伸段，宽度视地质情况和附属工程的布置和分布情况而定。

（6）地质调查方法：

①直接观察：利用自然迹象和露头进行由表及里的观测分析，以达到了解隧道通过处的地质条件。

②访问群众：了解有关问题的历史情况，多年平均情况。

2）地质测绘

（1）定义：把调查研究结果绘在具有比例尺的地形图上，编绘地质图。

（2）比例：实测用比例尺必须大于等于成图比例尺。

（3）方法：

①现场测绘：目测、仪器法。

②航测。

三、地质勘探

（1）挖探——有坑探与槽探，可取得详细直观资料和原状土样，但深度有限。

（2）简易钻探：工具轻、操作方便，不能取得原状土样。常用工具有小螺纹钻、钎探、洛阳铲等。

（3）钻探——可获得深层的可靠地质资料。

（4）地球物理勘探（简称物探）——在地层自然状态下各种物理力学指标未受到破坏情况下的一种原位测试方法。

第四节　隧道围岩分级与评判

一、围岩分级

1）根据《公路隧道设计规范》JTG D70—2004 的规定：隧道围岩分为 Ⅰ、Ⅱ、Ⅲ、Ⅳ、Ⅴ、Ⅵ级。

2）分级

（1）岩石隧道围岩可根据岩石定性特征、岩石的基本质量指标或修正的围岩质量指标 $[BQ]$ 值查表 3-3。

（2）土体隧道可根据土体类型、密实状态查围岩分级表（表 3-3）。

围岩分级表　　　　表 3-3

围岩等级	围岩或土体的主要定性特征	BQ 值或修正 $[BQ]$ 值
Ⅰ	坚硬岩，岩体完整，巨整体状或巨厚层状结构	≥550
Ⅱ	坚硬岩，岩体较完整，块状或厚层状结构；较坚硬岩，岩体完整，块状整体结构	451～550
Ⅲ	坚硬岩，岩体较破碎，巨块（石）碎（石）状镶嵌结构；较坚硬岩石或较软硬岩石，岩体较完整，块状或中厚状结构	351～450
Ⅳ	坚硬岩，岩体较破碎，破裂结构；较坚硬岩，岩体较破碎至破碎镶嵌裂结构，较坚硬岩或较软硬岩面层且以软岩为主，岩体较完整至较破碎，中薄层状结构。土体：①压密或成岩作用的黏土及砂性土；②黄土（Q_1、Q_2）；③一般钙质、铁质胶结碎石土、卵石土、大块石土	251～350
Ⅴ	较软岩，岩体破碎；软岩，岩体较破碎至破碎；极破碎各类岩体碎、裂状、松散结构	≤250
Ⅴ	一般为第四系的半干硬至硬塑的黏土及稍湿至潮湿的碎石土、卵石土、角砾土及黄土（Q_1、Q_2），非黏性土呈松散结构，黏性土及黄土呈松软结构	—
Ⅵ	软塑状黏性土及潮湿、饱和粉细砂层、软土等	—

二、围岩的评判

（一）方法

现根据岩石的坚硬程度 R_c 及完整程度 K_v 定出 BQ 值，然后考虑修正因素（地下水修

正系数 k_1，初始地应力修正系数 k_3，软弱结构面状影响修正因素 k_2）后算出 $[BQ]$ 值。

（二）计算

1. $$BQ=90+3R_c+250K_v \tag{3-1}$$

式中　R_c——单轴饱和抗压强度（有实测值），其表示岩石坚硬程度的指标，与岩石坚硬
程度定性划分的关系见表3-4。

单轴饱和抗压强度与岩石坚硬程度定性划分的关系表　　　表 3-4

R_c（MPa）	>60	30～60	15～30	5～15	<5
坚硬程度	坚硬岩	较坚硬岩	较软岩	软岩	软岩

K_v——岩石完整性系数（用弹性波的探测值），其表示岩石完整程度的指标，其用岩
体体积节理数 J_v 来定性划分岩体完整程度，详见表3-5。

用岩体体积节理数定性划分岩体的完整程度的对应关系表　　　表 3-5

J_v（条/m³）	<3	3～10	10～20	20～35	>35
K_v	>0.75	0.55～0.75	0.35～0.55	0.15～0.35	0.15
完整度	完整	较完整	较破碎	破碎	极破碎

对计算 BQ 时，应遵循下列限制条件：

（1）当 $R_c>90K_v+30$ 时，应以 $R_c=90K_v+30$ 和 K_v 代入式（3-1）计算 BQ 值。

（2）当 $K_v>40R_c+0.4$ 时，应以 $K_v=0.04R_c+0.4$ 和 R_c 代入式（3-1）计算 BQ 值。

2. 岩石基本质量指标 $[BQ]=BQ-100\ (k_1+k_2+k_3)$ (3-2)

式中　k_1——地下水影响修正系数，见表3-6。

地下水影响修正系数　　　表 3-6

地下水出水状态 BQ	>450	351～450	251～350	<250
潮湿或滴状出水	0	0.1	0.2～0.3	0.4～0.6
淋雨状或涌流状出水，水压小于 0.1MPa 或单位出水量小于 10 L/(min·m)	0.1	0.2～0.3	0.4～0.6	0.7～0.9
淋雨状或涌流状出水，水压大于 0.1MPa 或单位出水量大于 10 L/(min·m)	0.2	0.4～0.6	0.7～0.9	1.0

k_2——主要软弱结构面产状影响修正系数，见表3-7。

主要软弱结构面产状影响修正系数　　　表 3-7

结构面产状及其洞轴线的组合关系	结构面产状及其洞轴线夹角小于 30°，结构面倾角 30°～75°	结构面产状及其洞轴线夹角大于 60°，结构面倾角大于 75°	其他组合
k_2	0.4～0.6	0～0.2	0.2～0.4

k_3——初始地应力状态影响修正系数，见表3-8。

初始地应力状态影响修正系数　　　　　　　表 3-8

初始状态 ＼ BQ	＞550	451～550	351～450	251～350	＜250
极高应力区	1.0	1.0	1.0～1.5	1.0～1.5	1.0
高应力区	0.5	0.5	0.5	0.5～1.0	0.5～1.0

（三）示例

1. 单项选择题

①岩石单轴饱和极限强度 R_c＝20MPa，属于（A）。

（A）软岩　　　　　（B）硬岩　　　　　（C）半岩质　　　　　（D）土体

②围岩分类的目的不包含（D）。

（A）满足工程设计、施工等需要　　　　　（B）制订爆破、支挖、挖掘方案

（C）编制定额　　　　　（D）编制排水、供水、通电策略

③道路隧道围岩分类有（D）种。

（A）3　　　　　（B）4　　　　　（C）5　　　　　（D）6

④位于断裂破碎带内，节理很发育，岩体破碎呈碎石、角砾石，有的甚至呈粉末、土状，则围岩受地质构造影响程度等级划分为（C）。

（A）较重　　　　　（B）严重　　　　　（C）较严重　　　　　（D）轻微

2. 多项选择题

围岩分类主要考虑（ACE）等指标。

（A）坑道围岩的结构特征和完整状态　　　　　（B）岩石裂隙度

（C）岩石的物理力学性质　　　　　（D）地质地貌情况

（E）地下水影响

三、围岩自稳能力判断

见表 3-9。

围岩自稳能力表　　　　　　　表 3-9

围岩级别	自　稳　能　力
Ⅰ	跨度 20m，可长期稳定，偶有掉块，无坍方
Ⅱ	跨度 10～20m，可基本稳定，局部发生掉块或小坍方
	跨度 10m，可长期稳定，偶有掉块
Ⅲ	跨度 10～20m，可稳定数日至一个月，可发生小至中坍方
	跨度 5～10m，可稳定数月，可发生局部块体位移及小至中坍方
	跨度 5m，可基本稳定
Ⅳ	跨度 5m，一般无自稳能力，数日或数月内可发生松动变形、小坍方，进而发展为中至大坍方；埋深小时以拱部松动破坏为主，埋深大时有明显塑性流动变形和挤压破坏
	跨度小于 5m，可稳定数日至一个月
Ⅴ	无自稳能力，跨度 5m 或更小时可稳定数日
Ⅵ	无自稳能力

注：1. 小坍方：坍方高度小于 3m 或坍方小于＜30m³；

　　2. 中坍方：坍方高度小于 3～6m 或坍方体积小于 30～100m³；

　　3. 大坍方：坍方高度大于 6m 或坍方体积大于 100m³。

四、示例

（一）单项选择题

1. 根据不同的地质条件，《公路隧道设计规范》（JTG D70—2004）将围岩分为（B）。

(A) 4 类　　　　　(B) 5 类　　　　　(C) 6 类　　　　　(D) 3 类

2. Ⅲ类围岩其硬质岩石的饱和抗压极限强度（A）。

(A) R_b>30MPa　　(B) R_b>40MPa　　(C) R_b>50MPa　　(D) R_b>60MPa

3. 围岩分类中采用了"遇水降级"的经验方法，对Ⅴ类硬质岩石（C）。

(A) 可升一级　　　(B) 可降一级　　　(C) 可不降级　　　(D) 可降两级

4. 影响围岩完整性的主要因素是（C）。

(A) 地下水作用　　(B) 节理发育程度　(C) 地质构造作用　(D) 岩层厚度

5. 评价围岩完整性的主要定量指标是（D）。

(A) 层间结合好坏　(B) 节理发育程度　(C) 地下水多少　　(D) 岩层厚度

6. 节理或裂隙（1～2 组）规则，为原生型或构造型，多数间距在 1m 以上，多为密闭；岩体或巨块状，则围岩节理发育程度的等级划分为（B）。

(A) 节理较发育　　(B) 节理不发育　　(C) 节理发育　　　(D) 节理很发育

7. 围岩分类的目的不包含（C）。

(A) 满足工程设计、施工等需要　　　　(B) 制订爆破、支挖、挖掘方案

(C) 编制定额　　　　　　　　　　　　(D) 编制排水、供水、通电策略

（二）多项选择题

"遇水降级"的经验处理方法需综合考虑（ABDE）。

(A) 围岩性质　(B) 水量大小　(C) 流通条件　(D) 水质　(E) 浸润情况

（三）简答题

围岩分类主要考虑哪几个指标？

答案：1. 坑道围岩的结构特征和完整状态。即围岩被各种结构面切割的破碎程度及其组合状态。

2. 岩石的力学性质，即坑道围岩的岩石强度、物理、水理性质。在分类中主要是岩石单轴饱和极限强度 R_b 较有意义，以 R_b=30MPa 作为软硬岩的分界指标，R_b<5MPa 的岩（土）体属于半岩质或略有结构强度的土体。

3. 地下水影响。分类中采用了"遇水降级"的经验方法。即视围岩性质、地下水性质及大小、流通条件、浸润情况等考虑，将围岩级别适当降级，一般情况按降一级考虑。仅在软岩水性质差、极度破碎、地下水又经常存在的情况下可降两级；Ⅲ类岩石中的软岩，在涌水量较大时可考虑降两级划为Ⅰ类；对于Ⅳ及Ⅴ类围岩因水影响小，一般情况下可不作降级处理。

第五节　隧　道　设　计

一、要求

（1）隧道设计应满足公路交通规则。

（2）主体结构设计及附属设计达到公路等级、隧道规模。

（3）弃渣处理、洞口附属设施及其他机电、变电所、监控系统、通风与照明系统、交通标志、停车场、回车场、隧道管理处等设计符合要求。

二、原则

（1）综合调查，就轴线走向、洞口位置有几套设计方案并有推荐方案。

（2）长隧道位置在控制线路方向时避开不良地质地段，中小隧道尽可能服从路线方向。

（3）根据公路等级及设计车速确定隧道功能和结构，并定出合理经济断面——车道数与建筑界限。

（4）纵平面应满足行车安全、舒适要求。

（5）综合等级、施工、管运要求，考虑隧道内防排水、消防、辅助道、管理设施、交通工程设施、弃渣环境保护等方面。

（6）确定隧道内通风、照明、监控、防火设计。

（7）作出隧道与相邻建筑物间的专项设计。

三、内容

（一）主体设计

（1）引线；

（2）边仰坡；

（3）洞顶排水系统；

（4）洞体设计（含平面、纵断面、横断面、明洞、洞门构造、洞内排水系统、电缆沟等）；

（5）消防及供水系统。

（二）附属设施设计

（1）机电设计；

（2）通风、照明、供配电强电系统设计；

（3）报警系统（事故、火灾、防盗、手动、自动）设计；

（4）紧急电话系统设计；

（5）检测系统（CO、VI、亮度、风速、交通流）设计；

（6）监控（闭路电视监控、交通信号监控）系统设计；

（7）通风、照明控制弱电系统设计；

（8）交通标志系统设计；

（9）隧道管理处、停车场、回车场等设计。

（三）隧道管理区设计

1. 应根据线路等级、隧道长度、所在位置及环境、交通量及其流动特点、经济条件作具体设计

2. 管理区

在隧道外 300～1000m 的线路段及隧道。

3. 管理区要求

（1）独立运作单位，应确定人员编制，以便管理隧道的正常运营。

（2）管理区端点：①设闸门；②设红绿灯；③一旦事故发生尚未进入管理区车辆不允许进入的标志。

（四）环境设计

环境设计是指在隧道管理区范围内的景观设计和环保设计。

1. 目的

对洞口及其附近要进行总体合理规划，达到自然、美观、整洁、有序、适用。

2. 环保工作贯穿于设计和管运全过程采取同时设计、同时施工、同时保护落实环境保护措施要求。因此必须做好以下工作。

（1）水资源保护——防止水源流失或水面下降。

（2）植被保护——树木、草皮采取环保措施。

（3）特殊区保护——古迹、风景区、疗养区、温泉区、自然保护区。

（4）特殊地段保护——地层发育良好，层序完整，界线清楚，化石丰富及对地层学、古生物学有研究价值地段。

（5）环境污染防治——污水、烟气污染、粉尘污染、噪声污染、振动防治、有害物质防治。

（6）弃渣处理——①尽量少占耕地，用荒地；②对可利用隧道挖方，尽可能加工作为工程用料或路基材料，对还有放射物质的弃渣应处置；③严禁向河谷倾倒弃渣；④弃渣处应设计排水系统防止人为灾害，有条件时应在其上覆盖 30cm 土种植绿化。

（五）隧道定位

路线走线的选择应根据总体设计要点，同时满足《公路路线设计规范》JTG D20—2006 的规定来定位。

1. 原则

长大隧道定位在服从路线基本走向，同时避开不良地质地段在合理的范围内确定，中小隧道定位应服从路线走向。

2. 选择

根据路线是否经济（绕道太远或地质差、投资大）？技术上是否可行（避开滑坡或不良地质地段）？是否符合实际（远离基本走向）？为此应①估算总费用；②进行地质调查。

3. 进行比较，选出经济、合理、可行的，尤其对环境损害最小的方案

（1）比较内容——①线形平面顺适，纵坡均衡，横断面合理。②施工难度小，可就地取材，投资少。③运行费用及养护费用小。④合理用地，环境破坏小，安全性好。⑤以满足隧道设计车速需要引线。⑥在洞口附近不设急转弯及大的坡度。⑦在村镇及自然保护区需减少噪声及污染空气。⑧高寒地区做好排水系统。

（2）注意点——①隧道位置与总体设计协调适应。②定在地质稳定处，若要穿过复杂或严重不良地处，应有切实的技术措施。③沿河傍山设隧道时，位置要避免一侧洞壁过薄、河流冲刷及不良地质对隧道稳定性的影响。④穿越分水岭隧道应结合线形、施工、运营条件综合比较才可确定穿越垭口。⑤临近水库隧道，其洞口路肩设计标高应高出水库设计 0.5m 以上。⑥洞口应设在地质良好，不宜设在不良地质（滑坡、崩塌、盐堆、危岩落石、泥石流）及排水困难的沟谷低洼处或不稳定的悬崖陡壁下，这样可避免洞口高边坡和高仰坡。

4. 平面线形

平面线形需按《公路路线设计规范》JTG D20—2006 的规定。隧道的平面线形可以采用直线或曲线。直线便于施工，曲线施工难度相对较大，因此尽量采用直线。

实地定线时不必非常牵强地保持隧道的直线形，必须设曲线时宜采用不设超高的平曲线半径来满足视距要求，用停车视距来计算不加宽曲线的最小半径。因为：①小半径曲线会产生视距问题，为解决此问题必须加宽断面，从而增加工程费用，其次因为断面不一对施工相互过渡增加了难度。②超高也会导致断面改变。③断面加宽增加了通风阻抗。因为气流在运动过程中弯曲部分的内侧空气压力降低，流速增加，形成涡流，外侧空气压力增加，摩阻增加，流速降低，形成摩阻紊流。

单向行驶长隧道在出口一侧放大曲线半径。因为在出口处阳光可直接射入，洞门处亮度高，有利于司机"亮适应"，这是设计所希望的，但当洞门正对日出方向时，会出现"眩光现象"，要设计"遮光板"；同时进出口位置上设小半径是不可取的，交通隐患多，尤其在下坡曲线段极易发生倾覆事故。

双向隧道应使两隧道之间的间距在标准范围（一般为40m）为好，同时双线隧道的路面大体应保持在同一标高上，横通道的纵坡以小于2%为宜。

5. 纵断面上的线形

隧道纵坡应根据《公路路线设计规范》JTG D20—2006 的规定设计——纵坡不应大于3%或小于0.3%，同时不设平坡。短于50m隧道与明洞也不设平坡。

公路隧道以通风标准来控制纵坡，长隧道在1%以下，中隧道在2%以下，短隧道在3%以下。

公路隧道由于纵坡有单坡与双坡（即人字坡），因此竖曲线半径及竖曲线长度应符合《公路路线设计规范》JTG D20—2006 的规定，半径不宜取到极限度或最小值。

6. 横断面

1）净空

（1）定义：隧道内轮廓所包围空间的断面面积。包括隧道建筑限界、通风及其他功能所需的断面面积。

（2）形状与大小：根据设计达到的最经济值。

（3）示意图（图3-1）。

2）建筑限界

（1）定义：保证隧道中安全行车，在一定宽度、高度空间范围内任何部件不得侵入的界限（图3-2）。

图 3-1　公路隧道横断面示意图（m）

（2）用途：供交通使用的空间。其不能允许其他部件侵入，设计上为可靠起见，在界限外面还留有富裕量，以防止超宽超高车辆及车辆颠簸、摆动、撞到洞内设施。

（3）包括：①宽（横向）：车行道+侧向宽度+人行道+检修道。

②顶角宽：保证正常行驶车辆顶角不会碰到界限外面去。

③竖向高：拱高4m（墙与起拱分界）+人行道+检修高度。

（4）车道宽与引线车道宽一致，并从洞外到洞内有一个适当长度的过渡段（即无瓶颈）。

（六）洞口位置

洞口是隧道的起点或终点。一般位于山体的表面，地质上通常是不稳定的，大多是边坡、仰坡失稳坍塌，因此设计时要做好以下两点。

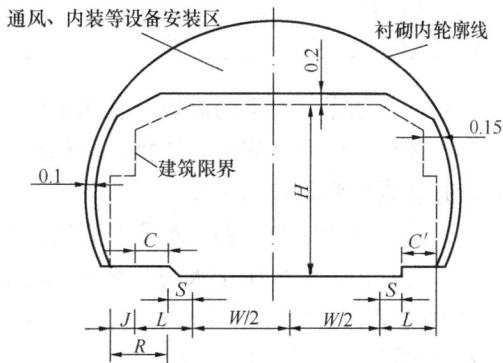

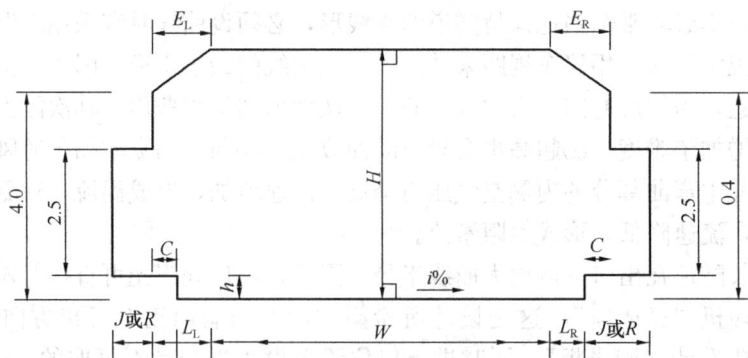

图 3-2　公路隧道建筑限界（m）

图 3-1、图 3-2 中：H——建筑限界高度；W——行车道宽度；L_L——左侧向宽度；L_R——右侧向宽度；C——余宽；J——检修道宽度；R——人行道宽度；h——检修道或人行道高度；E_L——建筑限界左顶角宽度，$E_L = L_L$；E_R——建筑限界右顶角宽度；当 $L_R \leqslant 1m$ 时，$E_R = L_R$，当 $L_R > 1m$ 时，$E_R = 1m$。

1. 要求

1）洞口位置应设于山坡稳定、地质条件较好处。基本要求是地质条件较好和隧道轴线尽量垂直或接近垂直地形等高线。

（1）洞口边、仰坡设计开挖最大高度（表 3-10）。

洞口边、仰坡设计开挖最大高度表　　　　　　表 3-10

围岩级别		Ⅰ、Ⅱ			Ⅲ		Ⅳ			Ⅴ、Ⅵ	
边、仰坡坡率	贴壁	1：0.3	1：0.5	1：0.5	1：0.75	1：0.75	1：1	1：1.25	1：1.25		1：1.5
高度（m）	15	20	25	20	25	15	18	20	15		18

（2）位于悬崖陡壁下的洞口不易切削原山坡，应避免在不稳定的悬崖陡壁下进洞。

（3）沟或沿沟洞口应结合防排确定标高，地质条件差时要避开，必须通过时应设支护措施，并认真做好防排水工作。

（4）漫坡地段应结合路堑地质、弃渣、排水、施工因素确定位置。

（5）遇到沟渠应采用排水沟、渡槽，将水引离隧道。

2）考虑附近地面建筑及地下埋设物影响，采取防范措施。

2. 不同环境条件下的选择

（1）洞口为悬崖陡壁，不扰动原地面和破坏地表植被，岩石稳定，贴壁进洞，否则接长明洞，同时特别注意陡壁后面是否有断层与错落体等。

（2）洞口地形平缓，采取早进洞晚出洞。可根据洞外路堑填方、弃渣场地、工期来决定。如洞口位于堆积层上，一般不宜大量清刷，可采用接长明洞办法来确保施工和运营安全。

（3）洞口段埋深较小时，考虑附近地上构造物、地下埋设物影响。

（4）沟谷部进入型时，洞口轴线应尽量与坡面正交；用斜交时洞口覆盖层应大于 2～3m，且边坡、仰坡用喷锚支护加固；洞口段进行地表压浆，并做好地表截排水工作。

（5）山脊突出部进入型时，突出部是稳定的，但其背后可能有断层，应避开。

（6）坡面平行型。因洞身与山坡斜交应考虑偏压，应避免。

（七）洞身衬砌结构设计

1. 基本原则

隧道衬砌是永久性的建筑物。由于围岩自身具有一定的结构作用，通过一些工程措施和衬砌形式使围岩这一特性得以发挥，因此在设计中应最大限度地利用和发挥围岩自承能力作为隧道衬砌设计的依据。

2. 要求

衬砌满足建筑限界，保证足够净空、足够强度、稳定性和使用期内的安全性。

3. 类型和尺寸

（1）根据使用要求、围岩级别、工程地质和水文地质条件、隧道埋深、结构受力特点，结合施工条件、环境条件采用综合系数的破坏阶段法。

（2）计算前应通过勘探或试验手段、衬砌计算的物理力学指标等设计参数，并对不同衬砌结构用不同的计算方法进行截面强度验算。

4. 衬砌规定

衬砌断面可用直墙拱形断面及曲墙拱应断面两类，围岩较差地段应设仰拱；洞口衬砌应加强断面尺寸并向外延伸 10m。

第六节 隧道勘测设计原则和勘测文件

隧道设计是一个综合设计。一要考虑隧道本身结构稳定可靠。二要考虑机电、消防、环保等总体设计。三要满足相应的规范、规定和要求。

一、设计原则和要求

（1）遵守国家规范、规定、要求。

（2）充分发挥隧道的功能、安全、经济

（3）设计应有完整的勘测调查资料，设计出符合安全、实用、质量可靠、经济合理、技术先进的建筑。要求主体结构按永久建筑设计，具有规定强度、稳定性、耐久性，运管中避免病害发生。

（4）主体结构与附属结构设计时应协调，形成综合设计。必要时对有关技术问题进行专项设计。

（5）设计中应符合土地、环境保护、水土保持法规的要求，同时贯彻国家有关技术经济政策、信息化和动态设计。提高环保意识，尽可能降低隧道修建和运营对原有自然生态的破坏，注意对地下水资源的保护。

二、隧道工程图纸内容和组成

隧道勘测设计成果是相应的设计文件，应按《公路基本建设工程设计文件编制办法》和《公路隧道勘测规程》的要求进行。勘测结束后提交以下图纸与资料：

（1）隧道平面图：显示地质平面、隧道平面位置及路线里程和进出口位置等。设 U 形回车场、错车道、爬坡车道时，应显示其位置和长度。

（2）隧道纵断面图：显示隧道地质情况、衬砌类型、埋深、路面中心标高，有路肩时显示路肩标高、地面标高、设计坡度和里程桩等。

（3）隧道进（出）口纵横断面图：显示设置洞门处的地形、地质情况、边仰坡开挖坡度及高度等。

（4）隧道进（出）口平面图：显示洞门附近地形、洞顶排水系统（有平导时，与平导的相互关系等）、洞门光场的减光设计等。

（5）隧道进（出）口洞门图：显示洞门构造、类型、材料，具体尺寸、施工注意事项、工程数量，有遮光棚等构造物时应显示其与洞身的连接关系及完整的遮光棚构造设计图。

（6）隧道衬砌设计图：显示衬砌类型、构造和具体尺寸、采用建材、施工注意事项、工程数量，设回车场、错车道、爬车道时应单独设计。

（7）辅助坑道结构设计图。

（8）营运通风系统结构设计图。

（9）营运照明系统结构设计图。

（10）监控与管理系统结构设计图。

（11）附属建筑物结构设计图。

在整个施工图设计文件中应有隧道设计说明书。对隧道概况（路线、工程地质、水文地质、气象、环境等）、设计意图及原则、施工方法及注意事项等作概括说明。

第七节 习 题

一、习题

（一）单项选择题

1. 使隧道线路满足规划要求，并得到优化设计的是（　　）调查?

（A）地质　　　　（B）地形　　　　（C）气象　　　　（D）水文

2. 隧道地质勘探中（　　）是一种比较好的原位测试方法，因其物理力学指标未受到破坏。

（A）挖探　　　　（B）钻探　　　　（C）物探　　　　（D）钎探

3. 隧道管理所除管理隧道外尚需管理洞外两端（　　）m 的路段。

（A）＜300　　　（B）300～1000　　（C）1000～3000　　（D）＞3000

4. 隧道平面线形设计时以（　　）可以算出设置曲线时不加宽的最小曲线半径。

（A）会车视距　　　（B）停车视距　　　（C）交会视距

5. 对于公路隧道来说控制其纵坡的是（　　）标准。

（A）车辆　　　　（B）围岩类别　　　（C）排水　　　　（D）通风

（二）多项选择题

1. 地形地质资料中的（　　）是确定隧道的初步设计、施工图设计的基本资料。

（A）地形图　　　（B）地质　　　　（C）水文地质

（D）航测图　　　（E）遥感照片

2. 隧道地质勘探有（　　）手段。

（A）挖槽探　　　（B）钻探　　　　（C）小螺纹钻

二、习题答案

（一）单项选择题

1. B；2. C；3. B；4. B；5. D

（二）多项选择题

1. ABCE；2. ABC

第四章 隧 道 施 工

第一节 概 述

一、定义

在地层中挖出土石，形成符合设计轮廓尺寸的坑道，进行必要的初期支护和砌筑最后的永久衬砌，以控制坑道围岩变形，保证隧道长期地安全使用，称为隧道施工。

二、施工特点

(1) 施工受到工程地质和水文地质的影响，因此须掌握岩石性质、岩体强度、完整程度、自稳能力、地下水状态、有害气体和地温状况等资料，来选定合适的施工方法，确定相应的施工措施和配套的施工机具。

(2) 隧道施工只有进出口两个工作面，施工速度慢，工期长，在可能的条件下可采用开挖竖井、斜井、横洞来增加工作面，加快施工进度。

(3) 施工时由于爆破、浇筑混凝土，因此施工环境差，对人体有影响，加上地下作业受到通风、照明、场地窄、排水等多种不利条件影响，对提高劳动生产率不利。

(4) 隧道施工远离城镇，交通运输不便，供应困难。

(5) 隧道施工不受昼夜更替、季节变换、气候条件影响，可以长年稳定安全施工。

三、隧道的施工方法

一个多世纪以来，世界各国的隧道工作者在实践中已经创造出能够适应各种围岩的多种隧道施工方法。习惯上将它们分为矿山法、掘进法、沉管法、盾构法、顶进法、明挖法。

(1) 矿山法：用钻爆施工的方法。其分为钻爆法和新奥法。钻爆法是利用钻眼爆破进行开挖，而新奥法是以控制爆破或机械开挖为主要掘进手段，以锚杆、喷射混凝土为主要支护方法，理论、量测和经验相结合的一种施工方法，其基本原则概括为："少扰动，早喷锚，并力量测，紧封闭"。新奥法按其开挖断面大小及位基又分为：全断面法、台阶法、分部开挖法三大类及若干变化方案。

(2) 明挖法：用机械开挖浅埋隧道。

(3) 掘进法：采用大型隧道掘进机开挖的方法，用于岩石地层。

(4) 盾构法：用手掘式盾构或机械式盾构开挖的方法，用于土质地质，更适用于软土、流砂、淤泥等特殊地层。

(5) 沉管法：用于水底、地下铁道、市政隧道及浅埋隧道。

(6) 顶进法：用液压机械顶进隧道，适用于市政隧道与人行通道。

第二节 隧 道 施 工 方 法

一、全断面法

（一）定义

按照隧道设计轮廓线一次爆破成型的施工方法。

（二）施工顺序

用钻孔台车钻眼、后装药、连接导火线→退出钻孔台车→引爆炸药，开挖出整个隧道断面→排除危石，安设拱部锚杆和喷第一层混凝土→用装渣机将石渣装入出渣车，运出洞外→安设边墙锚杆和喷混凝土→开始下一轮循环。

（三）适用

适用于较完整的硬岩，机械化施工效率高。其有三条作业线，即：

（1）开挖作业线：钻孔台车、装药台车、装载机配合自卸汽车。

（2）锚喷作业线：混凝土喷射机、锚喷作业平台、进料运输设备及锚杆注浆设备。

（3）模注混凝土衬砌作业线：混凝土拌合工厂、混凝土输送车及输送泵、施作防水层作业平台、衬砌模板台车。

二、台阶法

（一）定义

利用台阶进行施工。

（二）施工顺序

开挖→喷射混凝土→推渣→钻眼→运渣。

（三）分类

1. 长台阶法

见图 4-1。

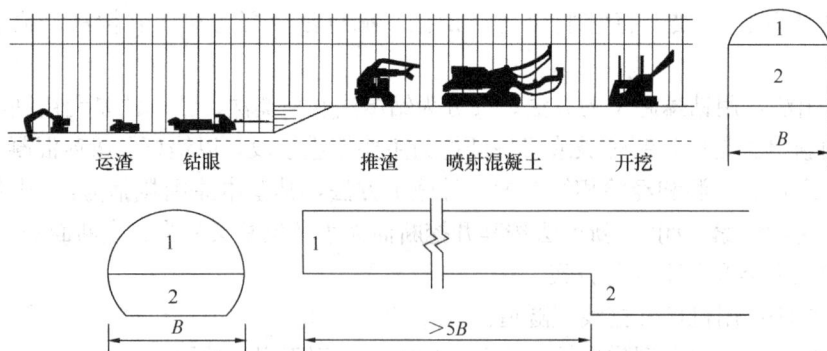

图 4-1 长台阶法

开挖时分为上半断面和下半断面，上下开挖断面相距较远，一般上台阶超前 50m 以上或大于 5 倍洞宽。施工时上下部可配备同类机械进行平行作业。只需配备中型钻孔台车即可，适用围岩坚硬不用底拱封闭断面的即可采用。

2. 短台阶法

见图 4-2。

这种方法分成上下两个断面开挖，只是两个断面相距较近，一般上台阶长度小于 5 倍洞宽但大于 (1~1.5) B 洞宽。

其优点是上下断面基本上可以平行作业，也能缩短支护时间，改善初期支护条件，有利于控制隧道变形的收敛速度与变形值，主要用于Ⅳ、Ⅴ级围岩。

缺点是上台阶出渣对下半断面施工干扰大，同时初期支护全断面闭合一般应在距开挖面 30m 内完成，或在上断面开挖 30d 内完成，拖延过长会影响围岩。

3. 超短台阶法

见图 4-3。

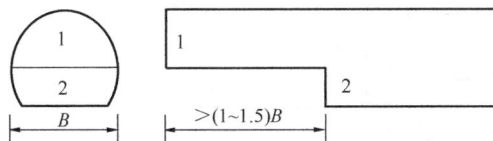

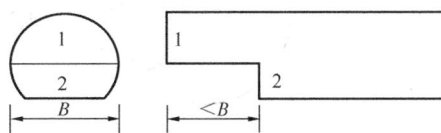

图 4-2　短台阶法　　　　　　　　　图 4-3　超短台阶法

适用于软弱地层中的开挖施工方法，在土质及膨胀围岩中采用。首先，上台阶仅超前 3~5m，不能平行作业，上台阶出渣干扰下台阶施工。其次，围岩条件差，加强初期支护尤为重要。应对围岩用预加固或预支护措施（对岩围注浆或打入超前水平小导管等）。

4. 分部开挖法

其分为台阶分部开挖法、单侧壁导坑法、双侧壁导坑法。

1) 台阶分部开挖法（环形开挖留核心法）（图 4-4）

一般将断面分为环形拱部（即图 4-4 中的 1、2、3）、上部核心 4、下部台阶 5 等三部分。根据断面大小，环形拱部又可分成几块交替开挖。环形开挖进尺为 0.5~1m，不宜过长。上部核心土和下台阶距离一般为 1 倍洞跨。

施工顺序为：①开挖环形拱部（尽量不能爆破以免扰动围岩）；②用打锚杆、喷混凝土及架立钢支撑作拱部支护；③挖掘机挖心土；④挖掘下台阶，随时接长钢支撑，施作边墙衬砌并封底。

优点：由于上部留有核心土支挡开挖面，能迅速及时地施作拱部初期支护，同时台阶长度可加长，加快进度。

缺点：支护结构形成全断面封闭时间长。

2) 单侧壁导坑法（图 4-5）

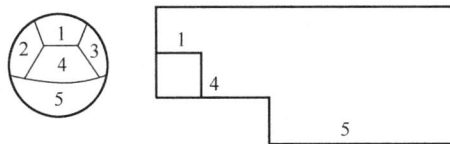

图 4-4　台阶分部开挖法　　　　　　图 4-5　单侧壁导坑法

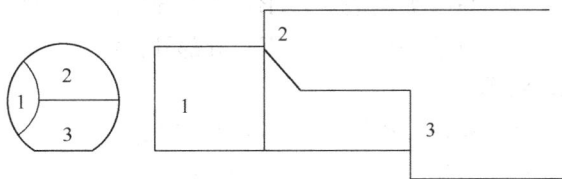

开挖时断面成侧壁导坑：①上台阶；②下台阶；③逐一进行。侧壁导坑宽度不宜超过 0.5 倍洞宽，高度以到起拱线为宜，导坑与台阶距离以它们施工时互不干扰为原则。

作业顺序为：①开挖侧壁导坑，并用喷射混凝土、锚杆或钢筋网作闭合临时支护；②

开挖上台阶，进行拱部初期支护，使其一侧支撑在导坑初期支护上，另一侧支撑在下台阶上；③开挖下台阶，进行另一侧边墙初期支护，并尽快施作底部初期支护，使全断面形成闭合支护；④拆除导坑临空部分的临时支护；⑤施作二次混凝土衬砌。

其优点是导坑形成闭合支护将隧道断面跨度一分为二，提高了围岩的稳定性，适用于跨度大、地表沉陷、难以控制的软弱松散围岩。

3）双侧壁导坑法（又称眼镜工法）（图4-6）

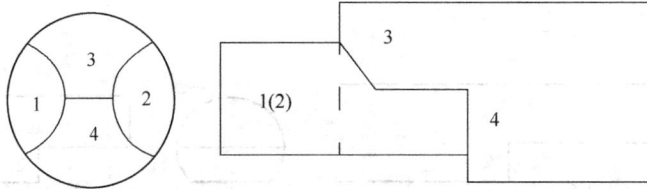

图4-6　双侧壁导坑法

将断面分为左右侧壁导坑1和2、上部核心土3、下台阶4。导坑宽度不宜超过断面最大跨度的 $\frac{1}{3}$，左右导坑应错开7～10m。

作业顺序为：①开挖侧壁导坑并及时初期支护闭合；②相隔7～10m后开挖另一侧导坑，并初期支护闭合；③开挖上部核心土，并作拱部初期支护，护脚支撑在导坑的初期支护上；④开挖下台阶，作底部初期支护全断面闭合；⑤拆除导坑临空部分的初期支护；⑥待隧道周围变形基本稳定后，作二次混凝土衬砌。

其优点：施工安全，每个分块闭合。

其缺点：进度慢，成本高。

（四）单项选择题

1. 当围岩稳定性较好，采用正台阶法施工时，施工顺序为先开挖上部弧形断面，然后开挖下部分，上部弧形断面高一般为（B）m。

(A) 1～2　　　　　(B) 2～4　　　　　(C) 2～3　　　　　(D) 1～3

2. 侧壁导坑法施工适用于（B）类围岩土质道路隧道。

(A) Ⅲ、Ⅳ　　　　(B) Ⅰ、Ⅱ　　　　(C) Ⅲ、Ⅴ　　　　(D) Ⅴ、Ⅵ

（五）多项选择题

隧道施工矿山法包括（ABDE）等。

(A) 漏斗棚架法　　　(B) 侧壁导坑法　　　(C) 盾构法

(D) 正台阶法　　　　(E) 分部开挖法

三、钻爆法

通过爆破开挖的方法，亦称矿山法。

（一）方法

1. 先拱后墙法

见图4-7。

2. 先墙后拱法

见图4-8。

（二）钻爆施工

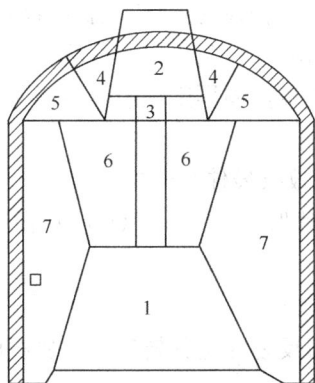

图 4-7 先拱后墙法

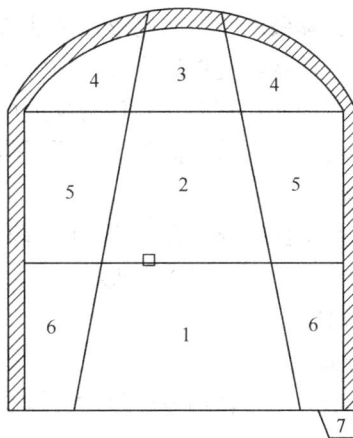

图 4-8 先墙后拱法

爆破作业是隧道施工中关键的基本作业，也是钻爆法中首要的一项。

1. 定义

在岩石上钻凿出一定孔径和深度的炮眼，装上炸药进行爆破，达到开挖的这一个过程。

2. 要求

（1）按设计要求开挖出断面（形状、尺寸、表面平整、不欠挖）。

（2）钻眼工作量小，石块爆破后大小适中，并能抛掷集中一起便于装渣运输。

（3）爆破后尽可能减小振动破坏围岩，保证其稳定及减少对施工周围环境的破坏。

3. 岩石爆破机理

爆破是爆炸波轰击岩面，以冲击波形式向岩体内部传播，形成动态应力场，使炮眼孔周围岩石产生粉碎性破坏，产生径向裂隙；在爆破力作用下在偏离径向 $45°$ 方向上还有可能产生剪切裂纹，再在剩余爆破力作用下岩石被移位（抛掷）。

1）无限介质中的爆破作用

药包埋置在无限介质中进行爆破，其可分为四个区域：①压缩粉碎区；②抛掷区；③破坏区；④振动区。

2）爆破名词

（1）临空面（又称自由面），指暴露在大气中的开挖。

（2）爆破漏斗：指炸药爆破后形成的一个圆锥形的爆破凹坑。

（3）最小抵抗线（w）：药包中心到临空面的垂距。

（4）漏斗半径：最小抵抗线与自由面交点到漏斗边沿的距离（r）。

（5）爆破半径：药包中心到漏斗边沿的距离（R）。

（6）爆破作用指数（n）＝漏斗半径（r）/最小抵抗线（w）   （4-1）

①$n=1$ 为标准爆破；

②$n>1$ 为抛掷爆破；

③$0.75<n<1$ 为加强或减弱抛掷爆破；

④$n\leqslant0.75$ 为松动爆破。

3）柱状药包

（1）定义：爆破的装药结构形成圆柱状药包。

（2）特点：柱状药包爆破应力波的传播方向以药包轴线为轴线，沿垂直药包表面的平面向四周传播，因此只有靠近孔口的少量炸药爆破力将孔口附近部分石渣抛出，不利于只有一个临空面导坑的爆破。而球形以不同药包中心或球面向周围辐射传播。

4）单选题

只有一个临空面的导坑在使用（C）药包爆破时效果最佳。

（A）方形 （B）柱形 （C）球形 （D）梯形

4. 钻孔机具

1）工作原理

通过冲击功大小和转动速度使钻头体前端的凿刃反复冲击并转动破碎岩石而成孔。

2）种类

（1）凿岩机。目前隧道中广泛使用的是风动和液压两种凿岩机。第一种风动凿岩机是以压缩空气为动力，利用汽缸内作往复运动的活塞，频繁地锤击钻杆末端将钻头冲击转动凿岩石打入岩石。其优点是操作方便，作业安全，广泛使用于小型隧道施工。其缺点是利用率低，成本高，噪声大，扬尘，造成职业病。它可分为手持式、伸缩式、导轨式三种。第二种液压凿岩机由液压电机驱动凿岩机冲击，回转运动，通过压力补偿泵，调节油量、压力、冲击频率进行凿岩。其优点是动力消耗少，仅为风动凿岩机的 $1/3 \sim 1/2$，且凿岩速度高，排气少，噪声小，环境保护好，又能在台车上多台同时作业，缺点是制作精度高，造价高。

（2）凿岩台车。凿岩台车是将多台凿岩机安装在一个专门移动设备上，实行多台机同时作业，集中控制。按其结构形式可分为门式、实腹式、液压式凿岩台车；按行车方式不同又分为轮胎式、履带式和轨道式凿岩台车。

5. 爆破材料

1）炸药

（1）性能：

①炸药具有敏感度（在外界起爆能作用下发生爆炸反应的难易程度），其具有热敏感度（使炸药爆炸的最低温度）、火焰敏感度（火药对火焰的敏感度）、机械敏感度（火药对机械能的敏感程度）、爆轰敏感度（火药对爆炸能的敏感程度）。

②爆速：爆轰在炸药内部的传播速度。

③爆力：即威力，爆炸对周围介质做功的能力。

④猛度：爆炸后对与之接触的固体介质的局部破坏能力。

⑤殉爆距离：起爆后，引起与它不相接触的临近药包的爆炸现象。

⑥爆炸稳定性：起爆后能否连续、安全爆炸能力、临界直径、最佳密度（炸药爆炸稳定且炸速最大时的装药密度）、管道效应（起爆后空气产生强烈的冲击波，在其未达到前导致爆速下降甚至断爆的现象）。

⑦安定性：其物理化学性质的安定性。表现为吸湿、结块、挥发、渗油、冻结、化学分解。

（2）隧道工程中使用的炸药常制成药卷。标准规格为外径 $\phi32mm$，净重 150g，长度 200mm。共有：①铵梯炸药：化学安定性好，爆炸无固体残渣，产生有毒气体少，对振动、摩擦不敏感，缺点是抗水性能差；②浆状（水胶）炸药：具有抗水性强、密度高、爆炸威力大、原料广、成本低、安全等特点，常用于有水爆破；③乳化炸药：具有爆炸性能好、抗水性强、安全性好、环境污染小、原料来源广、成本低的特点，适用于硬岩爆破。

2）起爆传爆材料

（1）目的：在装药以外的安全距离处通过发爆（即点火）和传递使装在药包中的雷管引爆，爆破岩石。

（2）材料：常有：

①导火索：其有药芯和索壳（外面包裹棉、麻、纤维、防潮层，呈圆索状，外表呈白色），燃速为 110～130s/m；具有防潮能力——在水中浸泡 2h 后仍可用；严禁在有瓦斯的地方使用。

②雷管：按照管内装药不同分为十个等级，号数越大，起爆能力越强。工程上常用 6 号和 8 号雷管。其有火雷管和电雷管两种。

③塑料导爆管（用来传递爆轰波给非电雷管传爆材料）与非电雷管。

④导爆索（与导火索相似）和继爆管（具有毫秒延期作用的气爆器材）。

6. 炮眼爆破

1）炮眼种类和作用

具有掏槽眼（起爆时首先让其起爆，为临近炮眼的爆破创造临空面）、辅助眼（位于掏槽眼与周边炮眼之间的炮眼）、周边眼（沿隧道周围边位置的炮眼）三种眼。

2）掏槽眼形式

隧道爆破决定掏槽眼。其分为斜眼掏槽眼和直眼掏槽眼。隧道爆破中常用的是垂直楔形掏槽眼（炮眼呈水平，爆破后炸成楔形槽口）和锥形掏槽眼（炮眼呈角锥形布置，见图4-9）。直眼掏槽眼（炮眼与开挖面垂直）现场采用大于 100mm 的中空直眼掏槽眼。它有柱形掏槽（利用大直径空眼作为临空孔和岩石破碎后的膨胀空间，使爆破后形成柱形槽口）和螺旋形掏槽（中心眼为空眼，邻近空眼装药量与空眼之间距离加大，其连线呈螺旋形状，见图4-10）。

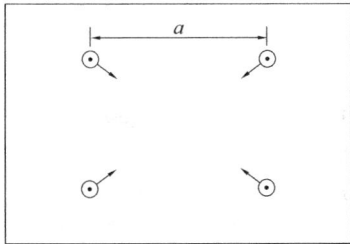

图 4-9 锥形掏槽眼

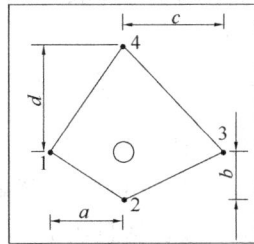

图 4-10 螺旋形掏槽

装药眼与空眼之间距离分别为 $a = (1～1.5)D; b = (1.2～2.5)D; c = (3～4)D; d = (4～5)D$，$D$ 为空眼直径，一般 >100mm，也可用 $\phi60～70$mm 的钻头钻成 8 字形双孔，爆破按 1、2、3、4 顺序起爆。

3）炸药品种的选择、用量及其分配

（1）根据现场岩石的实际情况选用。炸药品种常用的是硝铵炸药和 62% 的胶质炸药，用量应按达到预定爆破效果的条件下爆炸功与岩石阻抗相匹配的原则来计算，常用公式 $Q = KLS$ 计算。

其中：K——爆破单位体积岩石炸药的平均消耗量（表 4-1）；

爆破单位体积岩石炸药的平均消耗量　　　　表 4-1

爆破条件 岩石条件		4～6m²		7～9m²		10～12m²		13～15m²		16～20m²	
		硝铵炸药	62%的胶质炸药	硝铵炸药	62%的胶质炸药	硝铵炸药	62%的胶质炸药	硝铵炸药	62%的胶质炸药	硝铵炸药	62%的胶质炸药
岩石等级	软岩 $f<3$	1.5	1.1	1.3	1.0	1.2	0.9	1.2	—	1.1	—
	次坚石 $f=3\sim6$	1.8	1.3	1.6	1.25	1.5	1.1	1.4	—	1.3	—
	坚石 $f=6\sim10$	2.3	1.7	2.0	1.6	1.8	1.35	1.7	—	1.6	—
	特级 $f>10$	2.9	2.1	2.5	2.5	2.25	1.7	2.1	—	2.0	—

L——一个爆破循环的掘进进尺（m）；

S——开挖断面的面积（m²）。

（2）炸药量分配——总的炸药量应分配到各个炮孔中去，常用系数 α 表示（表 4-2）。

炸药量分配的常用系数 α 的值　　　　表 4-2

围岩级别 炮眼名称	IV、V	III	II	I
掏槽眼、底眼	0.5	0.55	0.6	0.65～0.8
辅助眼	0.4	0.45	0.5	0.55～0.7
周边眼	0.4	0.45	0.55	0.6～0.75

4）炮眼深度 l——常用 $l=1.2\sim3.5\text{m}$

（1）定义：炮眼底到开挖作业面的垂直距离。

（2）深度：①对于斜眼掏槽时，l 取断面宽度的 0.5～0.7 倍。

②按进尺数及实际炮眼利用率时 $L=l/\eta$

式中　　l——每掘进循环计划进尺数（m）；

　　　　η——炮眼利用率，一般 $\eta\geqslant85\%$。

5）炮眼直径 D

工程上常用　　　　　　　　$\lambda=\dfrac{D}{\phi}$ 　　　　　　　　（4-2）

$\lambda=1.1\sim1.4$，ϕ 是药卷直径。

由于药卷直径常为 32mm，这样就可求出 D。

6）炮眼数量 N 及比钻眼数 n

（1）炮眼数量　　　　　　　　$N=\dfrac{Q}{q}=\dfrac{kS}{\alpha\gamma}$ 　　　　　　　　（4-3）

式中　　q——单孔平均装药量，$q=\alpha\gamma h$（参见表 4-1）；

　　　　S——开挖断面的面积，m²；

　　　　α——装药系数，一般 $\alpha=0.5\sim0.8$；

　　　　γ——每延米药卷的炸药重量（kg·m）（表 4-3）。

不同药卷直径时的每延米药卷的炸药重量　　　　表 4-3

药卷直径（mm）	32	35	38	40	45	50
γ	0.78	0.96	1.1	1.25	1.59	1.90

（2）比钻眼数（单位开挖断面的平均钻眼数）$n = \dfrac{N}{s}$ （4-4）

7. 炮眼布置

1) 原则

（1）炮眼数目应均匀分布于开挖面上。

（2）炮眼方向——层理明显，应垂直于层理面；节理发育，炮眼位置应避开节理，防卡钻及影响爆破效果。

（3）掏槽眼应在 1～2.5m² 内布置，辅助眼应由内向外逐层布置，逐层起爆，逐步接近开挖面轮廓形状；周边眼应按照设计位置布置，（对松软岩层眼底应落在设计轮廓线上；对中硬岩及硬岩，眼底应落在设计轮廓线外 10～15cm 处），底眼板眼底落在设计轮廓线外。

（4）炮眼深不小于 2.5m 时，靠近周边炮眼的内圈炮眼应与周边眼有相同的斜率、倾角。

2) 方法

（1）直线形（图 4-11）。

（2）多边形（图 4-12）。

（3）弧形（图 4-13）。

（4）圆形：适用于圆形隧道、泄水洞、圆柱形竖井开挖。

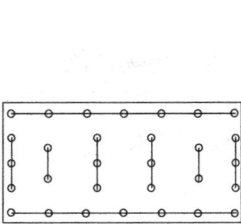

图 4-11　直线形炮眼　　　　　图 4-12　多边形炮眼　　　图 4-13　弧形炮眼

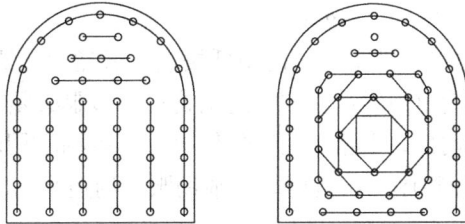

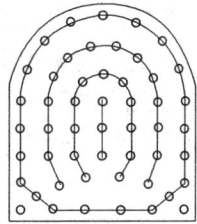

8. 装药结构和堵塞

（1）按起爆卷在炮眼中的位置可分为：

①正向装药：起爆药卷放在眼口第二个药卷位置上，雷管聚能穴朝向眼底用炮泥堵塞眼口。

②反向装药：起爆药卷放在眼底第二个药卷位置上，雷管聚能穴朝向眼口。

（2）按连续性分为连续装药和间隔装药。

（3）堵塞材料用黏土和砂按比例（1∶3 的混合物再加 2%～3% 的食盐）混合成炮泥堵塞。

9. 周边眼控制爆破——其结果反映洞室爆破的效果

目前控制爆破的方式有以下两种。

1) 光面爆破

即爆破后的围岩断面轮廓整齐，最大限度地减轻爆破对围岩的震动和破坏的技术。其主要标准：开挖轮廓成形，无明显的爆破裂缝，围岩围土上均匀留下 50% 以上的单面炮眼痕迹，岩面平整，超挖和欠挖符合规定要求，无危石等。其主要参数是：

（1）周边炮眼间距

$$E \leqslant k_i \cdot d \qquad (4\text{-}5)$$

∵

$$[\sigma_l] \cdot E \cdot L \leqslant F \leqslant [\sigma_c] \cdot L \cdot d$$

式中　k_i（孔距系数）$[\sigma_c]/[\sigma_l]$，一般为 $10 \sim 16$；k_i＝孔距系数；$k_i = [\sigma_c]/[\sigma_l]$；

$[\sigma_c]$——岩体极限抗压强度（MPa）；

$[\sigma_l]$——岩体极限抗拉强度（MPa）；

d——炮眼直径（cm）；

L——炮孔深度；

F——炮孔内炸药静压力合力，N；

当炮眼直径为 $34 \sim 45$mm 时，$E = 35 \sim 70$cm。

（2）光面层厚度及炮眼密集系数：

①光面层厚度就是周边炮眼的最小抵抗线（w）；

②炮眼密集系数等于周边炮眼间距 E 与最小抵抗线（w）的比值；

③一般来说以 $k = 0.8$ 为宜，光面层厚度取 $50 \sim 90$cm。

（3）装药量——线装药密度：

①定义：每延米长炮眼的装药数量。

②装药量一般控制在 $0.04 \sim 0.4$kg/m：

a. 光面爆破中常采用的技术措施有：使用低爆速、低猛度、低密度、传爆性能好、爆破威力大的炸药；采用不耦合（或缓冲）的装药结构；周边眼必须采用同段雷管同时起爆，尽可能减少同段雷管的延期时间；严格控制装药集中度，必要时采用间隔装药结构。

b. 光面爆破的分区起爆顺序为：掏槽眼→辅助眼→周边眼→底板眼。

2）预裂爆破

属光面爆破的一种。起爆顺序为：周边眼→掏槽眼→辅助眼→底板眼。适用于稳定性较差的软弱破碎眼层中。

10. 起爆方法

（1）工程起爆方法有：火花起爆法、导爆索起爆法、电力起爆法、导爆管系统起爆法。

（2）隧道开挖中多采用导爆索系统起爆法。

（3）导爆索起爆系统由导爆索、分流连接装置、终端雷管组成。

（4）导爆索起爆网络有串联、并联、混合联。

11. 起爆顺序与时差

（1）起爆顺序：在一个开挖断面上，起爆顺序由内向外逐层起爆。

（2）起爆顺序实现：用迟发雷管的不同延期时间来实现。

（3）时差：起爆时间差异。常采用 $40 \sim 200$m/s 的微差爆破。

（4）注意：①同圈眼应同时起爆；②延期间控制可采用孔内控制（即将迟发雷管装入孔内的药卷实现微差爆破）和孔外控制（即将迟发雷管装入孔外，在孔内药卷装入即发雷管实现微差爆破）。

12. 瞎炮——涉及人身安全，要万分当心

1) 定义

没有引爆的药包的炮眼。

2) 处理方法

(1) 引爆法：在瞎炮 30cm 处打一平行炮眼或用裸药包处理。

(2) 雷管引爆药包，可重新诱爆。

(3) 如炸药失效，可在炮眼中灌入盐水，后用竹木器具掏出炸药。

(4) 无堵塞的反向装药结构的炮眼，产生瞎炮后再装一个起爆药诱爆。

(三) 案例

1. 某公路隧道最大埋深为 130m，设计净高为 5m，净宽为 10m，隧道长 940m。地质主要为微风化黑云母＋长花岗岩，局部有微风化煌斑岩穿插。围岩以Ⅳ～Ⅴ类为主，进口段为Ⅱ～Ⅲ类围岩，岩体裂缝不甚发育，稳定性好。隧道内地表水系不发育，区域内以基岩裂隙水为主，浅部残坡积层赋存松散岩类孔隙水，洞口围岩变化段水系较发达。施工单位采用新奥法施工，Ⅱ～Ⅲ类围岩采用松动爆破，Ⅳ～Ⅴ类围岩采用定向爆破方案。

问题：(1) 根据隧道围岩状况，施工单位采用的爆破方案是否正确？为什么？

(2) 试述隧道钻爆方法有几种炮眼？各种爆破方法首先起爆的是什么炮眼？

答案：(1) 不正确。因为Ⅱ～Ⅲ类围岩应采用预裂爆破，Ⅳ～Ⅴ类围岩采用表面爆破。

(2) 爆钻方法的炮眼有：掏槽眼、辅助眼、周边眼、底板眼。预裂爆破首先起爆的是周边眼、表面爆破首先起爆的是掏槽眼。

2. 某二级公路隧道为单洞双向行驶两车道隧道，全长 4279m，隧道净空宽度 9.14m，净高度 6.98m，净空面积 56.45m²，该隧道位于一盆地边缘的雪宝山区，主要为弱风化硬质页岩，属Ⅱ类围岩，稳定性较差。根据隧道的地质条件和开挖断面，承包人拟采用台阶分部法施工。

问题：(1) 上述地质承包人采用的施工方法是否合理？说明理由。

(2) 承包人采用台阶分部法的开挖顺序为：①上部开挖；②拱部锚喷支护；③中核土开挖；④拱部衬砌；⑤下部开挖；⑥边墙锚喷支护和衬砌；⑦灌入仰拱。请说明其施工顺序是否正确？说明理由及方法。

答案：(1) 开挖方法是正确的。因其适用一种土质或易坍塌的软弱围岩地段。本隧道为Ⅱ类弱风化硬质页岩，稳定性差。

(2) 顺序不正确。应为：①上部开挖；②拱部锚喷支护；③拱部衬砌；④中核土开挖；⑤下部开挖；⑥边墙锚喷支护和衬砌；⑦灌入仰拱。

3. 某两车道公路隧道全长 1500m，洞身为中硬岩，抗压强度为 80～150MPa，进出口各 20m 为Ⅲ类围岩。水文地质条件简单。可供选择的施工方法有：全断面隧道掘进机施工方法、矿山法施工中的全断面法和台阶开挖法。

问题：(1) 洞身是否可以用隧道掘进机？为什么？隧道掘进机的施工方法有何特点？

(2) 进出口处是否可以用全断面开挖方法？为什么？

(3) 全断面开挖方法的主要工序是什么？

答案： (1) 洞身可用隧道挖掘机掘进。因为洞身为中硬岩，抗压强度为 80～

150MPa，最适宜用隧道掘进机。其特点是：①作业人员少，进度快，日进度达 10～30m，有时可达 50m；②与钻爆法比，洞内粉尘及有害气体含量低，改善了劳动条件；③对围堰扰动小，施工安全；④成洞质量好，无欠超挖现象，可减少洞内衬砌及灌浆，节约投资；⑤缺点是掘进机设备一次性投资大，开挖直径不能随便改变，机械运输和组装较难。

（2）不可以。因为全断面开挖适用Ⅳ～Ⅵ类围岩，并需配有钻孔台车和高效率装载机械的石质隧道。

（3）主要工序：使用移动式钻孔台车→全断面一次钻孔并进行装药连线→台车后退50m 以外的安全区→再起爆一次成型→出渣后钻机台车再推进到开挖断面就位，开始下一个钻爆作业循环，同时进行先墙后拱衬砌。

第三节　出渣与运输

隧道施工中，正确选择和准备足够的装渣和运输车辆，提高装渣效率，确定合理的运输方案是加快隧道施工的关键。装渣运输由装渣、运输、卸渣三部分组成。

一、装渣

（一）定义

将开挖爆破的石渣装入运输车辆。

（二）渣量计算（以虚渣体积计算）

$$z = R \cdot \Delta \cdot L \cdot S \qquad (4-6)$$

式中　R——岩石松胀系数，见表 4-4；

岩石松胀系数　　　　　　　　表 4-4

岩石类别	Ⅰ	Ⅱ	Ⅲ	Ⅳ	Ⅴ		Ⅵ	
土石名称	石质	石质	石质	石质	砂尖卵石	硬黏土	黏性土	砂砾
松胀系数	1.85	1.8	1.7	1.6	1.35	1.3	1.25	1.15

Δ——超挖系数，一般取 1.15～1.25；

L——设计循环进尺（m）；

S——开挖断面。

（三）装渣方式

人工与机械。现在隧道施工都用机械装渣，少数以人工辅助。

（四）装渣机械

1. 翻斗式装渣机

亦称铲斗后卸式装渣机（图 4-14）。

2. 蟹爪式装渣机

3. 挖斗式装渣机

4. 铲斗式装渣机

见图 4-15。

二、运输

洞内运输采用轨运输与无轨运输两种。

（一）有轨运输

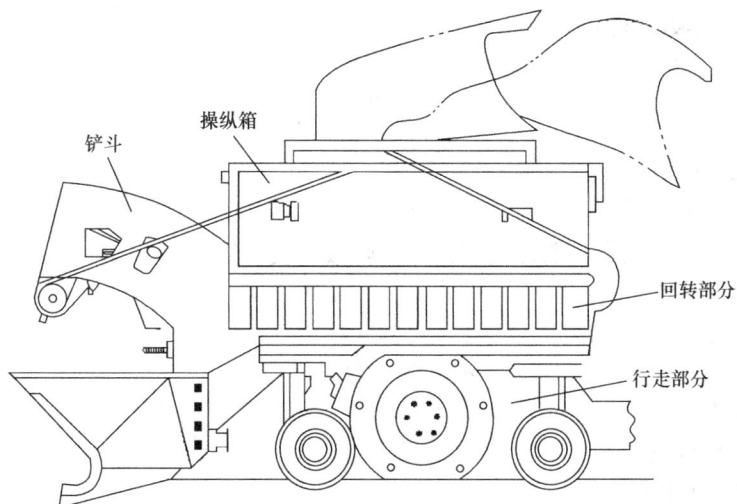

图 4-14　翻斗式装渣机

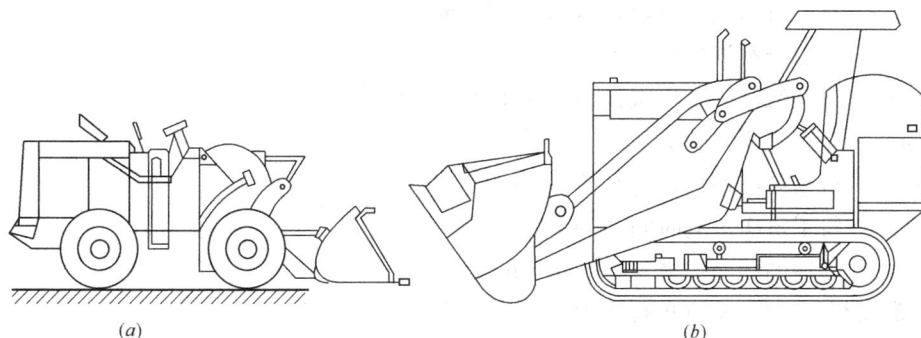

(a)　　　　　　　　　　　　　　　(b)

图 4-15　铲斗式装渣机

(a) 轮胎行走装渣机；(b) 履带行走装渣机

1. 定义

有轨运输是在洞内铺设轻型窄轨线路，用专门的出渣车辆装渣，小型机车牵引。

2. 运输车辆

(1) 斗车：形状有 V 及 U 形，配有装渣机装渣。

(2) 矿车：前后车体组成车厢，底部安装刮板式运输机。

(3) 槽式列车：由一个接渣车、若干个仅有两侧而无前后挡板的斗车单元和一个卸渣车串联组成的长槽形列车，其底板安装有贯通整个列车的风动链板式输送带。

3. 牵引机车

(1) 电动的是蓄电池机车（即电瓶车）。

(2) 内燃机车因其排出有毒气体，一般不采用。

4. 轨道布置及调车方法

(1) 轨道常用 16kg/m 的，轨距为 600 或 762mm，纵坡小于 2%。

(2) 布置形式有单车道和双车道。

(3) 为解决错车问题，在成洞内每 50～60m 设会车线（图 4-16）。

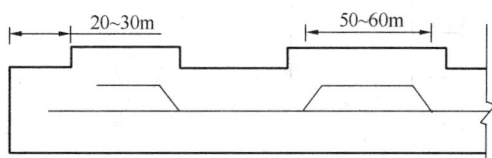

图 4-16　会车线

5. 机车、斗车数目确定和列车运行图

1）机车牵引定数

$$Q_c = \frac{F}{\bar{\omega} + i_p} - w \tag{4-7}$$

式中　F——机车牵引力；

　　　$\bar{\omega}$——列车单位阻力，一般近 80N/t；

　　　i_p——坡度单位阻力，取运输道路最大限坡坡度（即 3%）；

　　　w——机车自重。

2）每列车牵引的斗车数目：

$$n = Q_c/(Q+q) \tag{4-8}$$

式中　Q——斗车载重量；

　　　q——斗车自重。

3）出渣需斗车数量

$$\gamma = N/n_1 \tag{4-9}$$

式中　N——每工班出渣总车数，即 $N = Z/(m \cdot n_2)$；

　　　Z——每工班石渣量（m³）；

　　　n_1——每工班车辆循环次数，$n_1 = T/t$；

　　　m——斗车容积（m³）；

　　　n_2——机车装满系数，为 0.7～0.9；

　　　T——每工班净出渣时间（min）；

　　　t——车辆循环一次需要的时间（min）。

4）需要机车数量 N_c（单位为台），$N_c = Z/(n \cdot m_1)$

式中　m_1——每工班机车的循环次数，$m_1 = T/T_p$；

　　　T_p——机车循环一次需要的时间（min）。

注：计算数因为需要量常要有备用数：斗车为 40%～50%，牵引机车为 50%～100%。

6. 列车运行图

（1）目的：统一指挥，加速周转，减少干扰，保证正常施工。

（2）编制时综合考虑施工方法，装渣、调车、编组、运行、错车、卸车、列车解体等所需时间。

（3）一般以横坐标为时间，纵坐标为距离，列车运行用斜线表示，装渣、卸渣、编组、调车用水平线表示（图 4-17）。

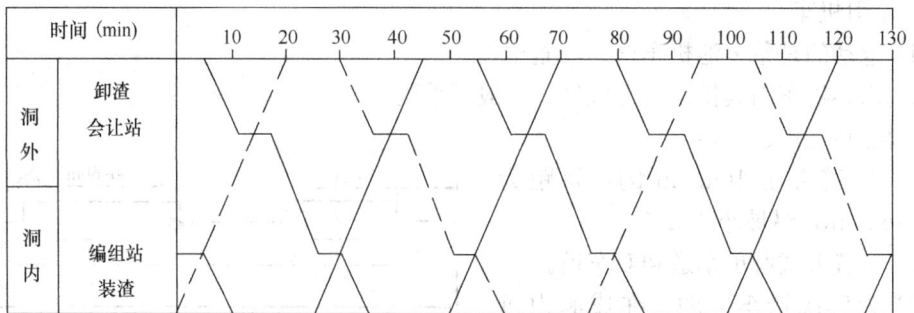

图 4-17　列车运行图

（二）无轨运输——指汽车运输（即大型自卸汽车）

三、卸渣

考虑石渣如何处理？不占良田，不堵塞航道，不污染环境。

（1）合乎强度标准的岩块可加工成衬砌混凝土粗骨料。

（2）填于场外工作场地及线路路基。

（3）弃于山谷或河滩。

第四节　初　期　支　护

一、基本原则——少扰动，早支护，勤测量，紧封闭

即：开挖后需达到成型好、对地层扰动小的要求，并对暴露面及时进行地质描述和锚喷加固，对软弱围岩地段使断面及早闭合。

二、方式

（一）喷射混凝土

1. 定义

用喷射机把掺有速凝剂的粗细骨料混凝土以适当的压力高速喷射到隧道岩壁表面凝结而成的混凝土。

2. 特点

（1）喷射混凝土能使颗粒充填围岩节理裂隙与凹凸不平处，并与围岩紧密粘结在一起，在速凝剂作用下，混凝土与围岩形成一个整体，提高围岩的抗渗、漏水性能及发挥其承载能力，且靠喷层与围岩的粘结力及自身抗剪能力组成一个承载结构体系。

（2）围岩上喷上一层混凝土后，可使之与水和空气隔绝，防止其风化破坏。

3. 优点

（1）喷射混凝土致密，早期强度高，与围岩粘结形成整体，共同变形，从而减少作用在支护结构上的压力。

（2）有效控制围岩的有害变形，利于安全施工。

（3）节约钢木材料，降低造价。

（4）工艺简单，提高工效。

4. 喷射方式

1）干喷

（1）定义：将砂、石、水泥按一定比例干拌并加入速凝剂均匀投入喷射机，在高压空气作用下送到喷头并在该处与高压水混合后高速喷到岩面上。

（2）施工工艺：见图 4-18。

2）湿喷

（1）定义：将砂石预加水，成潮湿状后加入水泥拌合均匀，用高压空气将混合料送到喷头，加入速凝剂，高速喷到岩面上。

（2）施工工艺：见图 4-19。

5. 施工工艺

1）准备工作

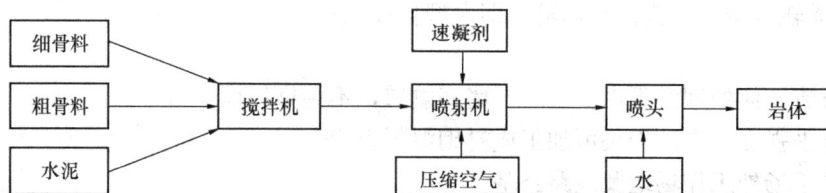

图 4-18 干喷施工流程图

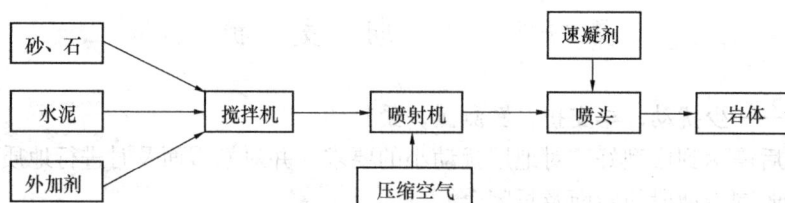

图 4-19 湿喷施工流程图

（1）核查水泥、速凝剂品种、强度等级及出厂日期并备足符合质量要求的砂、石料，且检查发电机、空气压缩机、喷射机的正常状况并试喷。

（2）检查开挖轮廓线，清理松动岩石和墙脚处弃渣，用高压水喷岩面，并对滴、漏处采取措施且进行处理。

2）施工作业（指干式喷射）

施工作业中要将备料、拌合、运输、上料、风、水供应、照明、喷射等紧密配合。因为这些是关系到喷射混凝土质量好坏及回弹量多少的关键。为此应掌握如下方面技术。

（1）风水压力

①初步选择风压时按其等于（1＋0.013）×双链拱长度（单位，m）；当向上垂直输送时，由于重力作用，其风压应比水平运输每增高 10m 需加大 20～30MPa。一般要求风源风压稳定在 0.4～0.65MPa，才能保证喷射功能小，粗骨料冲不进砂浆层而脱落；风压过大，回弹量大而浪费。

②水压要比双链拱风压高 0.1～0.15MPa，一般水压应大于 0.4MPa。

（2）喷嘴与受喷面之间的距离和角度

①为安全起见，一般在喷头上接一根直径 100mm、长 0.8～1.0m 的塑料拢斗管，其目的是使水泥充分水化且喷射混凝土束集中及回弹石子不致伤害喷射手。

②喷嘴与受喷面之间的距离以 0.8～1.2m 为宜。

③喷嘴与受喷面之间的角度，应垂直或稍微向喷混凝土部位上倾 10° 以内，其作用是使回弹物受到喷嘴约束，减小回弹量。

（3）一次喷射厚度及各喷层之间的间隔时间

①喷射厚度确定因素、喷射效率、回弹损失、颗粒之间的凝聚力和喷层与受喷面间的黏着力。

②一次喷射厚度参考表 4-5。

③各喷层之间的间隔时间：当用红星一型速凝剂时在 5～10min，当用碳酸钠速凝剂时要达到 30min 才能进行下一次喷射。

一次喷射厚度（mm） 表 4-5

部　位	掺速凝剂	不掺速凝剂
边　墙	7～10	5～7
拱　部	5～6	3～4

6. 堵管处理

（1）堵管原因：粗集料直径过大（在 25cm 以上）；水泥结硬块或其他物；混合料（主要是砂）湿度过大（＞6％）使摩擦力增大，输料软管弯头过小及风压偏低；司机操作不对（例如先开电机后给风，混合料未吹风就停风）。

（2）处理方法：立即关闭电机，随后关风源，将软管拉近并用手捶敲击，亦可用风压升到 0.3～0.4MPa，并锤击堵管部位，使其通畅。

7. 养生

喷射混凝土终凝后 2h 即洒水养护，不少于 14 个昼夜（保持湿润状态），但对土质隧道养护采用喷雾养护。

8. 水泥裹砂法喷射混凝土工艺（即 SEC 法）

1）定义

用于克服干式喷射混凝土施工中粉尘多，回弹量大，提高喷射混凝土质量的方法称为 SEC 法。

2）工艺流程图

见图 4-20。

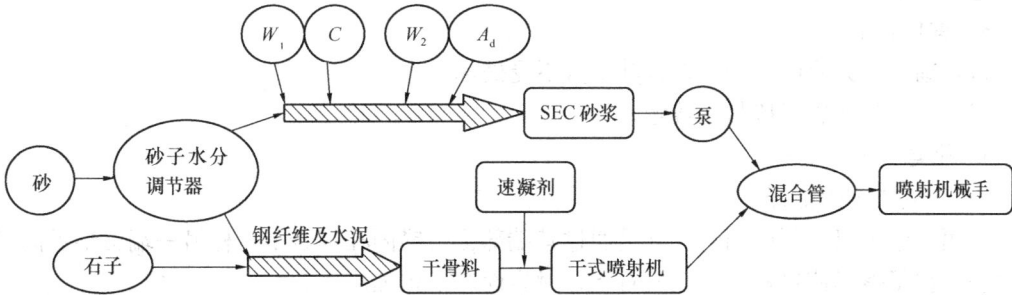

图 4-20　SEC 法的工艺流程图

3）具体做法

用表面水调匀机将部分砂粒表面的含水率调节均匀，然后按最佳造价水灰比加入第一次水（W_1）与水泥进行第一次拌合，使石子造壳（当砂表面水量增加到一定程度时，砂粒被水泥颗粒包裹，牢固地附在一起，砂子周围形成外壳称为造壳作用），再加入剩余水（W_2）减水剂（A_d）等进行第二次拌合，制成 SEC 砂浆，用水泵压送，后把剩余砂、石干料加速凝剂后送入干式喷射机，二者在混合管混合后由喷嘴喷出。

4）其优点

粘结力好，回弹率小于 15％，强度高，一次可喷射 10～40cm 厚。

5）质量检查

（1）进场原材料要进行检查与验收。

（2）施工中，对混凝土配合比、拌合均匀性、砂子含水量进行检查。

（3）每20m隧道的拱部及边墙各取数组试件，每组至少有三块进行抗压试验，同时试块中抗压强度平均值应大于C20，最低不低于设计强度的85％。

（4）用锤击法检查喷层与围岩的粘结情况，敲击时有空响应返工。

（5）衬砌完成后单线隧道每20m，双线隧道每10m从拱顶中线起每隔2m凿孔检查，其喷射混凝土厚度不小于设计厚度的60％，且不小于设计厚度的1/2，而混凝土最小厚度不小于6cm。

6）回弹物件利用

回收时将洁净且尚未凝固的回弹物按一定比例渗入混合料（掺量不大于15％）重新搅拌喷射（不宜喷射拱顶）或利用它灌注混凝土结构物。

（二）锚杆

1. 定义

用金属或高抗拉性能材料制成的杆状构件。

2. 支护效应

安设在围岩或其他工程体中，能承载荷载，阻止围岩变形的锚杆支护。其效应：

（1）悬吊效应——将不稳定岩体重量传递给深层坚固岩体负担以起到悬吊效应。

（2）组合梁效应——将若干层层状岩体串联在一起，增大层间的摩阻力形成组合梁效应。

（3）加固效应——使一定厚度范围内有节理、裂隙的破裂岩体或软岩岩体紧压在一起形成连续压缩带。

3. 基本条件

（1）锚杆受力后产生变形，且其本身不受破坏。

（2）锚杆与围岩保持紧密接触。

4. 种类

1）机械式锚固锚杆

适用于中等以上硬质围岩。其是通过其端部锚头锚固在围岩中，杆另一端由垫板同岩面接触，拧紧螺母使垫板紧压在岩石上，对岩面产生预加应力。

2）粘结式锚固锚杆

其是在眼孔内灌注早强水泥砂浆，后插入杆体，使之与围岩粘结在一体，让杆体牵制围岩变形。它分为：

（1）端部粘结式锚杆：其采用环氧树脂或聚酯树脂作为胶粘剂。

（2）全长粘结式锚杆：其不带锚头，通过砂浆将锚杆与围岩粘结在一起。

3）摩擦式锚固锚杆

适用于软弱围岩、破碎带、断面带、有水地段。其有开缝管线（由制成锥体的开缝钢管杆体、挡环及托板组成，将其打入围岩后管体受到挤压，围岩钻孔壁产生弹性抗力，使钻孔岩壁与锚体之间产生轴向摩阻力，阻止围岩松动变形）和膨胀管式摩擦锚杆（将ϕ41、壁厚2mm的无缝钢管冷轧成ϕ28的扇环形锚杆体，管两端封闭，在一端外侧钻小孔，在其中注入高压水，这样杆体膨胀开，紧压在围岩上）。

5. 布置

1）原则

（1）锚杆应垂直隧道周边轮廓，对水平成层岩应与它垂直布置，使其与层面成较大角度；

（2）锚杆宜菱形排列，纵横间距0.6～1.5m，密度0.6～3.6根/m²；

（3）锚杆形成连续均匀的压缩带，间距不宜大于锚杆长度的$\frac{1}{2}$，在Ⅳ～Ⅴ级围岩中，间距为0.5～1.2m，当杆长大于2.5m时，仍按间距不大于$\frac{1}{2}$杆长采用。

2）形成

（1）局部布置：用在坚硬而裂隙发育或有潜在龟裂及节理的围岩中。

（2）系统布置：用在破碎和软弱的围岩中。

6. 质量检查

（1）检查锚杆长度、间距、角度、方向、抗拢力。

（2）抗拢力试验。

三、钢架

（一）适用

自稳时间很短的Ⅴ、Ⅵ级围岩及浅埋偏压隧道或在粉细砂、砂卵石、土夹石地层，大面积淋水地段。

（二）特点

架设后立即受力，承压开挖时引起的松动压力。

（三）分类

（1）型钢钢架：由工字形钢、H形钢、槽钢、U形钢、钢管及钢轨制成。

（2）格栅网构钢架：加工容易，与混凝土结合良好，易与锚杆、超前小导管形成整体。

第五节 监 控 量 测

一、定义

为了判断隧道开挖对地表环境的影响范围和程度围岩的稳定性和支护的工作状态，使用各种仪器设备和量测元件来量测地表沉降、围岩与支护结构的变形，应力、应变工作。

二、目的

完善设计与指导施工，保证隧道工程安全性和经济性，人们可以系统地研究围岩与支护结构共同作用的力学机制从而认识不同条件、不同类型岩体的变形破坏机理。

（1）为设计和修正支护结构形式和参数提供依据。

（2）正确选择开挖方法和支护施作时间。

（3）为隧道施工和长期使用提供安全信息。

（4）研究新奥法力学机理和设计理论的重要途径。

三、基本要求

量测手段应适应监控设计需要。

（1）尽快埋设测点：

为了全面量测应力与位移的变化值，要求测点理论在距开挖工作面 2m 的范围内，并立即进行第一次量测以取得初始数据（在爆破后 24h 内和下一次爆破之前初次读数）。

（2）尽量缩短一次量测的时间。

（3）选用防振、防冲击波、长期有效的传感元件。

（4）隧道开挖、支护作业是连续循环的，信息反馈须及时，全面并且量测数据应直观、正确、可靠。

（5）测试仪器应有精度。

四、内容与方法

（一）监控量测项目选择

见表 4-6。

监控量测项目选择表

表 4-6

项目 围岩条件	A 类测量			B 类测量						
	洞内观察	净空变化	拱顶沉降	地表沉降	围岩内部沉降	锚杆轴力	衬砌应力	锚杆拉拢试验	围岩试件	洞内弹性波
坚硬地层（断层等破碎带除外）	◎	◎	◎	△	△*	△*	△	△	△	△
软岩地层（不产生很大的塑形地压）	◎	◎	◎	△	△*	△*	△*	△	△	△
软岩地层（塑形地压很大）	◎	◎	◎	△	◎	◎	○	△	△	△
土砂地层	◎	◎	◎	◎	○	△*	△*	○	◎	△

注：◎必须进行的项目；○应进行的项目；△必要时进行的项目；△*其结果对判断支护有利。

（二）方法

1. 工程地质与支护状况的观察——各类围岩的第一项应测项目

隧道开挖面上的工程地质与水文地质观察与描述，对于判断岩石稳定性和预测开挖面前方地质条件是十分重要的；开挖面初期支护状况的观察与裂纹描述，对判断围岩、隧道稳定性和支护参数的检验是必不可少的。因此，每当隧道工作面爆破开挖后应进行工程地质观察、记录、描述，同时初期支护完成后应进行喷层表面观察与记录，必要时进行裂纹描述。

2. 隧道地表沉降量测

（1）为了判断围岩稳定性和采取相应措施，对施工过程中的地表沉降叠加影响效应进行量测，并测出扰动范围、最大沉降量、地表倾斜程度。

（2）方法：在地表施工范围内埋设沉降量测点，用水准仪测出其沉降量；地表下沉降量测要与洞内测点布置在同一断面，沿隧道纵向间距为 5~50m，地表沉降的纵向测量区长度如图 4-21 所示。

地表沉降量测在横断面上的测点布置如图 4-22 所示。

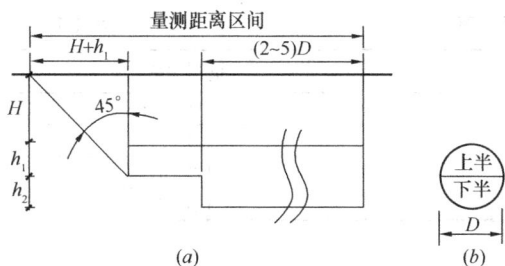

图 4-21 地表沉降的纵向测量区长度

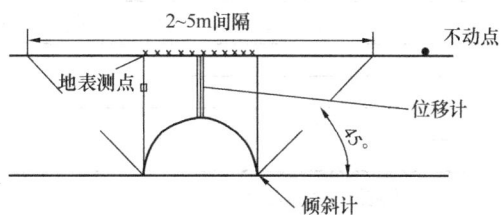

图 4-22 地表沉降量测在横断面上的测点布置

3. 隧道净空变化（收敛）量测

（1）隧道净空变化值（收缩或扩张）是隧道开挖后引起围岩变形的表现，通常称为收敛（即指隧道周边相对方向两个固定点连线上的相对围岩值）。

（2）收敛作用：判断围岩动态变化信息。

（3）收敛量测是现场监控量测中的主要内容。

（4）收敛量测项目：开挖后围岩与支护位移量测——周边位移量、拱顶下沉量（应测项目）、围岩内部位移量测。

（5）周边量测和拱顶量测测点应布置在同一断面内，断面间距一般在 10～20m 之间，量测基线可视围岩条件为 1 条、2 条、3 条不等，最多 6 条，如图 4-23 所示。

图 4-23 量测基线

（6）位移量测的原理：采用一根在重锤（或弹簧）作用下被拉紧的有孔（孔间距为 25mm）带状钢尺，并用百分表测读隧道周边两侧点连线方向的相对位移值。测孔布置如图 4-24 所示。测点应离开挖面 2m 左右，测点埋设后的第一次量测应在下一循环放炮前完成。目前国内采用重锤式、弹簧式和应力环式位移量测测定计。

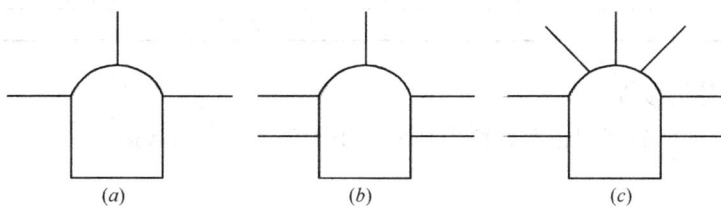

图 4-24 测孔布置
（a）三测孔；（b）五测孔；（c）七测孔

（三）量测频率

1. 收敛量测（净空变化）、拱顶下沉量测，量测频率见表 4-7。

2. 地表沉降量测频率

为 1 次/（1～2）d。

3. 位移量测（收敛量测、拱顶下沉量测、地表量测）的终止时间

量　测　频　率　　　　　　　　　　表 4-7

位移速度（mm/d）	测点距开挖面距离（m）	量测频率
>10	（0～1）D	1～2 次/d
5～10	（1～2）D	1 次/d
1～5	（2～5）D	1 次/d
<1	>50	1 次/d

注：D 为隧道开挖宽度（m）。

应在位移值基本稳定后量测 1～2 周，同时 1 次/2d；不移的，继续量测到位移速度小于 1mm/d 为止。

4. 量测现场有专门人员

所有数据归档作为资料放入竣工文件，同时将数据的变化情况及时向有关领导及部门汇报，以取得相应的施工决策。

（四）监控数据的应用

1. 监控数据的应用目的

（1）掌握围岩和支护动态信息并及时反馈、指导施工作业。

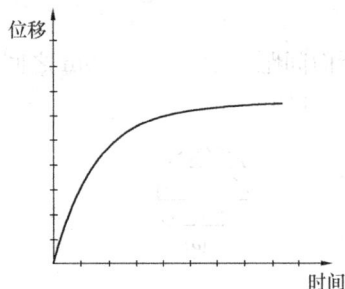

图 4-25　"位移—时间"曲线

（2）通过围岩和支护变位、应力量测，修改支护系统设计。

2. 方法

1）绘制"位移—时间"曲线

在直角坐标系中，以时间（d）为横坐标，以位移值（mm）为纵坐标，如图 4-25 所示。

2）判断围岩稳定性

见表 4-8。

判断围岩稳定性数据表　　　　　　　　　表 4-8

—	急剧变位（mm/d）	缓慢变位（mm/d）	基本稳定（mm/d）
收敛位移	>1.0	0.2～1	<0.2
单点位移	>0.5	0.1～0.5	<0.1
拱顶位移	>1.0	0.2～1	<0.2

3）允许相对位移值

隧道周边任意点的实测相对允许位移值应小于表 4-9 中的数据。

表 4-9

允许相对位移 ＼ 覆盖厚度　类别	<50（m）	50～300（m）	>300（m）
Ⅲ	0.1～0.3	0.2～0.5	0.4～1.2
Ⅳ	0.15～0.5	0.4～1.2	0.8～2.0
Ⅴ	0.2～0.8	0.6～1.6	1～3.3

注：1. 相对位移值指实测位移值与量测点间距离之比或拱顶位移实测值与隧道宽度之比。

2. 脆性围岩取表 4-9 中的较小值，塑性围岩取较大值。

3. Ⅰ、Ⅴ、Ⅵ可按工程类比原则选定允许值范围。

3. 案例：公路隧道采用新奥法施工，现场监控量测是施工的核心，是施工过程中监视围岩稳定性，检验设计与施工是否合理及安全的重要手段。

问题：（1）现场监控量测的目的是什么？

（2）现场监控量测的必测项目是哪几项？

（3）隧道开挖后应及时进行哪些项目的量测？安设锚杆后应作何试验？

（4）简述隧道平面位置的检验方法。

答案：（1）目的：①掌握围岩和支护的动态信息并及时反馈，指导施工作业；②通过围岩和支护变位、应力测量，修改支护系统设计。

（2）必测项目有：地质和支护状况观测、周边位移和拱顶下沉、锚杆或拉索内力和抗拔力。

（3）隧道开挖后应及时进行围岩、初期支护的周边位移的拱顶下沉量测，安设锚杆后应作锚杆抗拢试验。

（4）分别将引道中心线与隧道中心线处延长至两侧洞口，比较其平面位置。

五、示例

（一）单项选择题

1. 在描述围岩结构特征和完整状态的分类指标中，对于层状岩墙"中层"是指（A）。

(A) 厚度＝0.1～0.5m　　　　(B) 厚度＝0.6～1.0m

(C) 厚度＝1～1.5m　　　　　(D) 厚度＝1.5～2m

2. 隧道竣工测量时，洞内水准每（C）应埋设一个，并应在隧道边墙上画出标志。

(A) 200m　　　(B) 500m　　　(C) 1000m　　　(D) 1500m

（二）多项选择题

隧道控制测量的内容包括（ACDE）。

(A) 围岩初期支护的周边位移量测、拱顶下沉量测

(B) 围岩压力量测

(C) 锚杆抗拔力试验

(D) 围岩体内的位移量测

(E) 地表沉降量测

第六节 二 次 衬 砌

隧道支护通常采用复合式衬砌，即由初期支护和二次衬砌组成。初期支护是使围岩在施工期间初步稳定，二次衬砌是承受后期围岩压力。设计时，初期支护按主要承载结构设计，二次衬砌在Ⅲ级以下围岩按安全储备设计，Ⅲ级以上围岩按后期围岩压力结构设计，并均满足构造要求。为此，二次衬砌应在围岩初期支护稳定后进行，目前一般都采用模筑混凝土衬砌。

一、模筑混凝土衬砌施工内容

混凝土材料准备→灌注前的准备工作→混凝土制备与运输→混凝土灌注→养护、拆模→压浆。

二、混凝土施工

（一）混凝土材料准备

混凝土材料及级配应符合隧道衬砌强度和耐久性要求，同时必须重视其抗冻、抗渗、抗侵蚀性。

（1）水泥：可用硅酸盐水泥、普通硅酸盐水泥、火山灰质硅酸盐水泥、粉煤灰硅酸盐水泥和快硬硅酸盐水泥，必要时可用其他特种水泥。水泥品种应根据混凝土结构所处环境条件和工程需要来选择，水泥强度与混凝土的等级比为1.2～2.2，且用不小于32.5级的普通硅酸盐水泥。

（2）砂子：应用坚硬耐久、粒径在5mm以下的天然砂或机制砂，且砂中不宜有泥块、石灰、杂草等物。

（3）石子：应用坚硬耐久的碎（卵）石，且为连续级配，不得混有风化石块、泥块，且严禁混入受过煅烧的白云石块或石灰石块。

（4）外加剂：使用前须试验，确定其性质、有效物质含量、溶液配制方法和最佳掺量。

（5）水：凡能供饮用之水。

（二）衬砌施工准备工作

（1）进行中线及水平测量，检查开挖断面是否符合设计要求，然后放线架设衬砌模板支架或拱架。

（2）清除浮渣，整平墙脚基面，并在灌注混凝土前排除积水，找平支承面。

（3）立支架及装模板，并检查其各部尺寸是否达到要求，支架既要有刚度又要达到稳定。

（三）混凝土制备与运输

（1）配料——按试验室规定的配合比及当地气温等条件下的施工配合比严格配料。

（2）搅拌——一般可采用机械自拌或采用商品混凝土。

（3）运输——用专用的运送斗车或自卸汽车或泵车，但途中运输应尽量缩短时间，控制在45min内，如有离析应二次拌合。

（四）灌注施工

（1）灌注施工应划分环节，在松软地基一般每个环节长度不超过6m，混凝土灌注时的自由倾落高度不宜超过2m。灌注必须保证其连续性。灌注层之间的时间间隔应能使混凝土在前一层初凝前灌注完毕，否则按照施工缝进行处理。灌注边墙混凝土时，要求两侧混凝土保持分层对称均匀上升，以免受力不均匀使边墙模板倾斜或移位。灌注拱顶混凝土时，应从拱脚开始，同时向拱顶分层对称地进行，层面应保持辐射状。当灌注到拱顶时，需要改为沿隧道纵向进行灌注，边灌注边铺封口模板。当衬砌灌注到最后一个节段时，只能在拱顶中央留出一个50cm×50cm的缺口，进行封顶。

（2）为使混凝土灌注密实，常用振动器振捣。通过这一工序可克服混凝土拌合物颗粒间的摩擦力和黏聚力，增加砂浆流动，使骨料滑动下沉，砂浆填充满骨料的空间，气泡上浮，使拌合物填满模板的每个角落。目前来说振动器有插入式的内部振动器、表面（平板）振动器、附着式振动器等。

（3）为保证混凝土有良好的硬化条件，防止产生早期干缩裂纹，应在灌注后2h内，根据气候条件，使用适当的材料覆盖混凝土外露面，洒水养护不少于7d，并做好受冻害范围内的防寒保温工作。

（4）拱墙的支架与模板拆除时间，应根据围岩压力、衬砌部位、环境温度、所用水泥品种和强度等级等因素确定，并应满足有关的施工规定要求时方可拆模——直边墙混凝土应达到设计强度的 25%，曲边墙和围岩压力不很大的拱圈混凝土需达到设计强度的 70%，围岩压力很大的拱圈要求达到设计强度的 100%，拆模工作应谨慎从事，以免碰伤边角。

（五）压浆

模筑混凝土施工，由于超挖回填不密实和混凝土坍落度的影响，往往在衬砌背后与围岩之间留有空隙，使衬砌与围岩不密贴，不能很好地控制围岩的进一步变形和水的渗透，需进行压浆。从而达到限制围岩后期变形，改善衬砌结构受力工作状态的目的。

一般压浆宜与衬砌作业区保持 70~100m，且一般从拱顶部位用单液水泥浆进行压浆。

（六）仰拱与底板

设计无仰拱的隧道铺底通常是在开挖完毕后且拱墙修筑好后进行，以避免与开挖和拱墙衬砌作业相互干扰。设计有仰拱的，说明侧压与底压较大，应及时修筑仰拱使衬砌环后封闭，避免边墙挤入造成开裂甚至失稳。仰拱和底板作业时采用纵向分条、横向分段的灌注法进行。一般纵向分为左右两幅交替进行；横向分段长度视边墙施工缝、伸缩缝、沉降缝来确定。待仰拱和底板纵向贯通，且混凝土达到一定强度后方能允许车辆通行。

三、示例

（一）单项选择题

1. 二次衬砌的模筑混凝土应在其强度达到（B）MPa 方可拆模。

（A）1.5　　　（B）2.5　　　（C）3.5　　　（D）5

2. 二次衬砌采用硅酸盐水泥拌制的混凝土，其养护时间不得少于 7d，掺有外加剂或有抗渗要求的混凝土其养护时间不得少于（C）d。

（A）14　　　（B）18　　　（C）21　　　（D）28

（二）多项选择题

下列是关于施工中防止二次衬砌混凝土开裂的技术措施，其中正确的是（BDE）。

（A）宜采用较小的骨灰比，提高水灰比，合理选用外加剂

（B）合理确定分段灌注长度及浇筑速度

（C）混凝土拆模时，内外温度不得大于 5℃

（D）加强养护，温度的变化速度不宜大于 5℃/h

（E）根据设计施作防水隔离层

（三）案例题：某隧道二次衬砌厚度为 40cm、强度等级为 25 的模筑混凝土。承包人施工中存在泵送混凝土水灰比偏大、局部欠挖超过极值未凿除、模板移动部分钢筋保护层厚度不足等因素，造成其中一段衬砌完工后顶部、侧墙均出现环向裂缝，局部地段有斜向裂缝，严重者出现纵、环向贯通裂缝，形成网状开裂，缝宽最小 0.1mm，最大 4mm，必须进行补救处理。

问题：（1）分析衬砌开裂原因。

（2）简述隧道衬砌开裂对隧道结构案例及营运将产生哪些危害？

（3）根据衬砌裂缝，简述其处理措施。

答案：（1）水化比偏大，混凝土水化热和干缩引起的应变和超挖造成衬砌不足；模板移动使钢筋混凝土保护层厚度不等，是衬砌产生裂纹的原因。

（2）衬砌开裂会降低衬砌的承载力，损害外观，出现渗漏水病害。对照明、通风设备保养、运营期间安全等造成极大危害。开裂严重者会使隧道遭受严重破坏而不能使用。

（3）对产生较大裂纹者可压注纯水泥浆或化学浆液进行填充封闭处理，对较小的表面开裂可用化学浆液作螺纹封闭处理。

第七节 防 排 水 设 计

一、防排水设计目的——保持隧道内干燥

隧道内漏水将造成洞内通信、供电、照明等设备处于潮湿环境而发生锈蚀，降低其使用年限；侵蚀性地下水作用和结冰膨胀将使隧道衬砌结构受到破坏，严寒地区如有渗水，将使拱部吊挂成冰柱，造成打滑，危及行车安全；对铁路隧道，漏水会造成铁轨扣件腐蚀损坏，在电力机车牵引地段，漏水易引起漏电事故和金属触电现象，危及人的安全。

二、原则

"防排结合，边排边堵"的方针。

三、防水措施

（一）喷射混凝土防水

1. 适用

围岩有大面积裂隙渗水，且水量、压力较小时。

2. 方法

结合初期支护用喷射混凝土堵水。

3. 注意事项

喷射混凝土中应加大速凝剂喷量，且应连续喷射，但不能在主裂处喷射。

（二）塑料防水板防水

1. 适用

围岩有小面积裂隙滴水、流水，且水压力不太大时。

2. 方法

在初期支护用喷射混凝土完成后，二次衬砌前，在岩壁全断面铺设塑料防水板防水。

3. 注意事项

（1）铺设塑料防水板前要修正喷射混凝土表面，通过修凿填平凹凸，使其平整圆顺。

（2）铺设时对其固定要留一定的松弛度，在二次衬砌时，塑料板能向凹处变形、密贴，不产生过度张拉和破坏。

（三）模筑混凝土衬砌防水

1. 适用

围岩有渗漏、漫流，地下水有侵蚀性时。

2. 方法

利用混凝土衬砌，改善抗渗防水性能。

3. 注意事项

（1）加强混凝土配合比设计——水灰比小于 0.6；水泥用量大于 280kg/m，砂率大于35%，且洁净、坚硬、耐久还有良好的级配。

（2）拌合中加入适量的表面活性物质（加气剂、早强剂、加气型减水剂）。

（3）加强机械振捣，使混凝土达到密实度。

（4）在施工缝、沉降缝处采用中埋式塑料或橡胶止水带或用背贴式塑料止水带。

（5）衬砌混凝土中加入适量防水剂，提高抗渗性能。

（四）涂料防水

1. 适用

提高隧道内表面防水层的防水功能。

2. 方法

在隧道内表面喷涂或涂刷防水涂料（乳化沥青、环氧焦油），使隧道内表面形成不透水薄膜。

（五）防水砂浆抹面——刚性防水层

1. 适用

防止隧道表面润湿。

2. 方法

在普通水泥砂浆中掺加各种防水剂。

（六）注浆堵水

1. 适用

隧道内有水，需要堵水。

2. 方法

用化学注浆（丙凝浆液、聚氨酯浆液、水泥—水玻璃浆液）和压住水泥砂浆。

四、排水措施

（一）进洞前完善排水系统

1. 洞顶截水沟

根据地形，提前在开挖线 5m 以外砌筑洞顶截水沟，并将水引至自然排水沟或与路基排水系统连接，防止水流入施工范围。

2. 边、仰坡土体封闭

按照设计要求采用喷射混凝土对坡面进行及时封闭，涉水量大时埋入排水管进行引排。

3. 提前做好洞内外排系统

开挖至洞口时应做好洞内外排方案。如果洞口向外为下坡，可在道路两侧设排水沟或埋管；如洞口向外为上坡，可在洞口一侧设置集水井，采用水泵抽进行外排，但应在集水井上加盖封盖。

4. 开挖过程中对涌水地段进行处理

（1）原则：调查分析，找准原因，因地制宜地制订治理方案，达到排水通畅、防水可靠、经济合理和不留后患的目的。

（2）方法：超前钻孔排水、辅助坑道排水，超前小导管预注浆堵水，超前围岩预注浆堵水，井点降水及深井等辅助施工方法。

（二）结构排水设施

盲沟→泄水孔→排水沟（即水从围岩裂隙进入衬砌背后的盲沟，盲沟下接泄水孔，水进入隧道内，沿排水沟纵向排出洞外）。

1. 盲沟

1) 作用

在衬砌与围岩间提供水通道，使之汇入泄水孔。

2) 适用

引导较为集中的局部渗流水。

3) 形式

(1) 弹簧软管盲沟（金属波纹管）。

(2) 化学纤维渗滤布盲沟。

4) 注意

一定要将盲沟接入泄水孔。

2. 泄水孔

1) 位置

设于衬砌边墙下部的出水孔道。

2) 作用

将盲沟流出的水泄入纵向排水沟。

3) 方法

(1) 在立边墙模板时，安设泄水管（可用竹管、钢管、塑料管）。

(2) 水量小的可在拆模后的混凝土上钻孔。

3. 排水沟

(1) 作用

将泄水孔泄出的水排到洞外。

(2) 形式

有单侧、双侧、中心式。

(3) 注意事项

应与仰拱或底板混凝土一同浇筑，保证水沟的整体性，防止水向下渗流影响路基。

（三）防水层安装与控制

1. 对防水层进行检查

除对必要的工作程序进行取样检查外，还应检查防水板表面是否存在变色、皱纹（厚薄不均）、斑点、撕裂、刀痕、小孔等缺陷，存在质量缺陷时，应及时处理。

2. 防水层铺设前对初期支护的检查与处理。

防水层铺设前，应先对初期支护喷射的混凝土进行量测，对欠挖部位加以凿除，对凹凸表面进行分层喷射找平。外露的锚杆头及钢筋网要切除，用水泥浆抹平，使混凝土表面平顺。

3. 防水层铺设好后的检查和处理。

防水层铺设结束，监理工程师应对其焊接质量和防水层铺设质量进行检查。检查方法有：①用手托起防水板，看防水板铺设是否松紧适度并有富余量；②看防水板表面是否有被划破、扯破、扎破现象；③看焊接或粘结宽度（焊接时，搭接宽度为10cm，两侧焊缝宽度应不小于2.5cm；粘结时，搭接宽度为10cm，粘结宽度不小于5cm）是否符合要求，且无漏焊、假焊、烤焦等现象；④拱部及拱墙的锚固点（钉子）是否有塑料片覆盖；⑤每铺设 20～30m，剪开焊缝 2～3 处，每处 0.5m，看是否有假焊、漏焊现象；⑥进行压水（气）试验，看其有无漏水（气）现象等；⑦检查防水板的铺设质量，如发现存在问题，除应详细记录外，还应立即通知施工单位进行修补，不合格者坚决要求返工。

4. 止水带安装与控制

防水混凝土施工缝是衬砌防水混凝土间隙灌注施工造成的，对于施工缝的防排水处理在复合式衬砌中，一般采用橡胶止水带。

检查止水带的安装质量主要是检查其：①是否有固定止水带和防止偏移的辅助设施；②止水带的接头是否符合要求；③止水带是否割伤破裂，止水带是否有卡固定并伸入两端的混凝土内。

发现存在问题时应立即通知施工单位进行修补，不合格者坚决返工。

对检查和处理的情况应做好详细记录，存入技术档案。

第八节　施 工 辅 助 措 施

一、定义

为确保隧道施工的顺利进行和施工安全，采取一定的工程措施对地层进行预支护加固的辅助措施。

二、内容

（1）预支护措施：预留核心土、喷射混凝土封闭开挖工作面、超前锚杆（亦可用小钢管）、管棚、临时仰拱封底。

（2）预加固措施：预注浆加固地层、地表锚喷预加固。

（3）二者兼有：超前小导管注浆。

三、超前锚杆

（一）定义

在开挖掘进前，在开挖面拱部的一定范围内，沿隧道断面的周边，向地层内打入一排纵向锚杆（或小钢管），形成超前于工作面的围岩加固棚，在其保护下进行开挖。

（二）适用

砂质地层、膨胀性地层、裂隙发育岩体、断层破碎带。

（三）施工

（1）超前锚杆、超前小钢管的设计参数见表 4-10。

超前锚杆、超前小钢管的设计参数　　　　　　　　　表 4-10

围岩类别	锚杆直径（mm）	小钢管直径（mm）	锚杆、小钢管长度（m）	环向间距（cm）	外插角	
					锚杆	小钢管
V	20～25	32	3～5	30～50	5°～10°	5°～10°
Ⅳ	18～22	32	3～5	40～60	5°～10°	5°～10°

注：1. 外插角是指锚杆、小钢管与隧道纵向开挖轮廓线的夹角。

　　2. 锚杆与小钢管的长度应与实际掘进的循环长度一起考虑。

　　3. 中空锚杆目前的最小直径为 25mm。

59

（2）将选定的小钢管头部做成尖锥形，尾部焊箍。

（3）进行岩石钻孔，用锤或风钻将小钢管顶入，并用早强砂浆使它们与孔眼岩壁粘结（有的甚至在钢管孔中压注砂浆）。

四、管棚

（一）定义

在坍方体活动的松软地层或土质很差的地层中将钢管搭成管棚（图4-26），进行预支护的人工构造物。

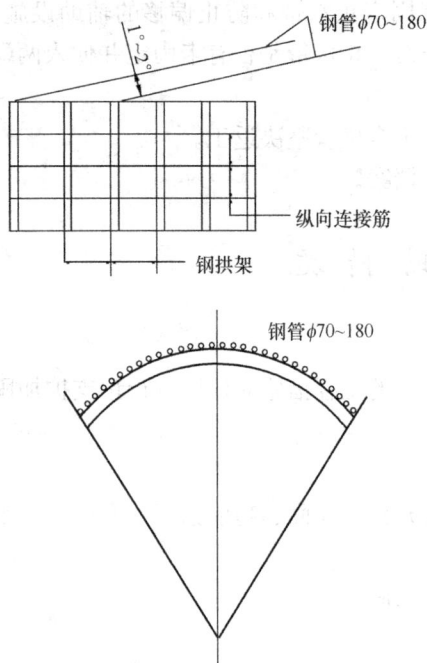

钢管φ70～180

纵向连接筋

钢拱架

钢管φ70～180

图 4-26 管棚

（二）适用

松软地层；浅埋隧道要限制地表沉陷量、地质很差地区；坍方区。

（三）施工

（1）先在开挖工作面上呈扇形地打入一排孔（比钢管直径大 20～30cm），间距为 30～50cm，使孔向上插 1°～2°。

（2）用长 4～6m、直径 70～80mm 的钢管插入钻孔内，并用锤敲（尾部架设在钢拱架上）钢管（要求两排管棚长不大于 3m 搭接长度），并在钢管内注浆或混凝土。

五、超前小导管注浆

（一）定义

在松软或土质较差的地层中将直径 38～42mm 的无缝钢管打入工作面内，另一头设置在钢拱架上，并通过注入浆液进入地层的空隙中凝固围岩，在开挖面周围形成加固圈，从而保护隧道开挖的顺利进行的施工辅助措施。

（二）适用

较干燥的砂土层、砂卵（砾）层、断层破碎带、较软弱围岩浅埋段。

（三）施工

（1）开挖掘进前，先在开挖面和5m范围内的隧道围岩壁用喷射面封闭。

（2）沿纵向搭设钢拱架（图4-27），并沿拱部周边一定范围内打入倾角10°～15°的、直径38～42mm的无缝钢管（管壁钻有直径 6～8mm、间距 15～20cm、梅花形布置的注浆孔），另一头外露20cm从格栅钢拱架的腹部穿过，并与钢拱架焊接牢固，组成预支护系统。

（3）压注水灰比为 0.5～1 或水泥—水玻璃双液注浆。压力一般为 0.5～1MPa。其单根导管注浆量

$$Q = \pi R^2 \cdot l \cdot n \tag{4-10}$$

式中 l——导管长度（m）；

R——浆液扩散半径（m），其值 $R = (0.6～0.7) b$；

b——两导管中心间距（一般为 15～20cm）。

（4）注浆后可用声波测探仪或钻取注浆岩心检查效果，若未达到效果应补浆。

六、预注浆加固地层

（一）定义

在开挖前，先往地层中注浆加固围岩的方法。

（二）适用

地质差的地段。

（三）施工

1. 在开挖上用机械钻孔

2. 注浆方法：

①渗透性注浆：浆液填充地层中被排出的空气水空隙结合后胶凝成固结体；②劈裂性注浆：浆液周围土体在注浆压力作用下被劈裂，形成裂纹，浆液占据裂纹使土体形成浆液脉状固结，增加土体的总压力；③压密性注浆：浓稠浆液注入土体形成浆泥，向周围土层加压，使之得到加固；④高压喷灌注浆：在高压作用下，高速浆液从管底部的特殊喷嘴中喷射出，与伴随着的高速气流一起促使土粒在冲击力、离心力和重力作用下，随注浆管的向上抽出与浆液混合形成柱状固结体，以达到加固的目的。

3. 注浆量计算

1）方法

按浆液需填充的空隙率来确定（对砂层可达 6%，对裂隙岩体可达 5%）。

2）计算式

$$Q = A \cdot n\alpha(1+\beta) \tag{4-11}$$

式中　A——注浆范围体的体积（m^3）；

　　　α——注浆填充系数，一般取 0.7～0.9；

　　　β——注浆材料损耗系数，为 0.1 左右；

　　　n——地层填充率，见表 4-11。

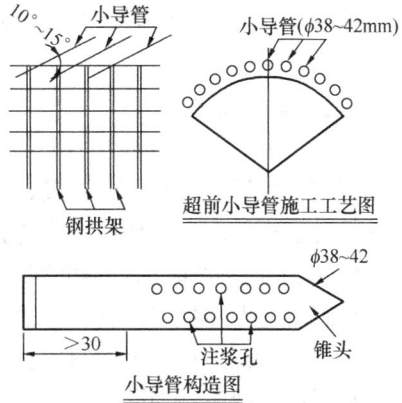

图 4-27　沿纵向搭设钢拱架

地层填充率　　　　　　　　　　表 4-11

地质条件		填充率
土质地层	黏土质地层	20%～40%
	砂土质地层	40%～60%
	砂砾质地层	约 60%
石质地层	一般破碎岩层	1%～2%
	断层破碎带	5%左右
	火成岩带	<1%

七、地表锚喷预加固

（一）定义

通过对地表进行预加固，使进洞顺利进行或改变坡率、降低开挖高度的方法。

（二）适用

①浅埋洞口地段，由于覆盖层较薄，会在施工中边挖边坍方，进洞困难；②偏压洞

口，一侧边坡高，危及施工和运营洞口。

（三）方法

地表锚喷加固法。

（四）施工

根据洞口状况采用不同的方法。

1）对于松软砂土质地层，为防止表层剥落和滑塌，应先按设计坡度刷坡，然后沿坡面喷射混凝土，必要时加设钢筋网

2）洞门上方陡坝（即陡立壁面）且岩体软弱，可在陡坝中水平打入锚杆（或小导管），并喷射混凝土将陡坝面封闭且加设钢筋网

3）洞口浅埋段预加固

洞口自然坡面较平缓，围岩软弱，覆盖层浅，洞口开挖不稳定，应以锚杆加固来锁固围岩能力。加固方法为：

（1）横向加固宽度 $B \geqslant （1 \sim 2）b$；纵向加固长度为浅埋段长度，亦可将从洞口至埋深距离 $h \leqslant 2b$ 时的长度作为加固长度。也可作为隧道开挖宽度。

（2）破裂面估算法。在浅埋段会形成图 4-29 的样式。破裂面与地表的两个相交点之间的宽度就是地表下沉变形宽度 B，一般锚杆的加固宽度边加宽 $1 \sim 2m$

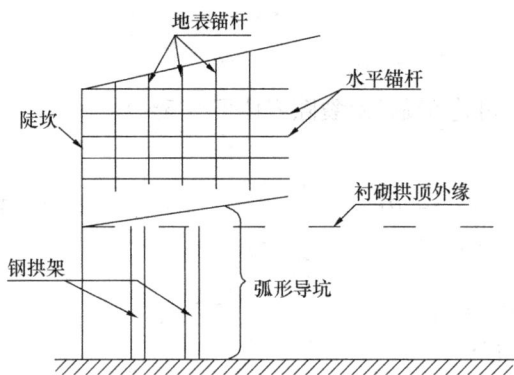

图 4-28　洞口上方陡坝加固　　　　图 4-29　地表锚杆加固宽度估算图

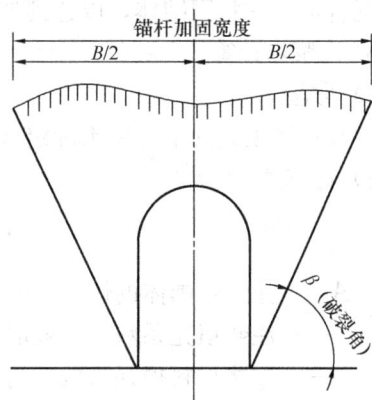

（3）喷射混凝土一般用 $5 \sim 10cm$，锚杆为直径 $16 \sim 22mm$、长 $3 \sim 6m$，间距 $1 \sim 2m$，呈梅花形布置，并用砂浆注浆（锚杆孔直径不小于 $40mm$）。

八、案例题

某二级公路隧道穿越的岩层主要由砂层泥岩和砂层组成，为Ⅱ～Ⅲ类围岩，设计采用新奥法施工，台阶法开挖，复合式衬砌，防水层设计为塑料，局部有股水涌出，特别是断层地带岩石破碎，裂隙发育，涌水更为严重。洞口段由于洞顶覆盖层较薄，岩隙发育，开挖中地表水从岩石裂隙中渗入洞内，导致该段二次冒顶、坍方。

问题：（1）针对上述地质和涌水情况，你认为在施工中应采取哪些水害处置措施？

（2）衬砌混凝土的施工缝和沉降缝，采用塑料止水防水时，施工中应符合哪些要求？

答案：（1）处理涌水可用的辅助施工措施有：超前钻孔或辅助导坑排水；超前小导管预注浆；超前围岩预注浆堵水；井点降水和深井降水。

（2）水带不得被钉子、钢筋或石子刺破；在固定止水带和灌注混凝土过程中应防止止水带偏移；灌注混凝土时注意排除止水件中的气泡和空隙，使止水带与混凝土紧密结合；塑料止水带接头采用搭接或对接，其长度大于 10cm；采用冷粘或焊接的缝宽应大于 5cm。

第九节　洞口段施工

一、定义
指隧道开挖可能给洞口地表造成不良影响（下沉、踏穴等）的洞口范围。

二、特点
覆盖浅、地质差、地表水汇集、施工难度大。

三、内容
仰坡土石方、边（仰）坡防护、路堑挡坡、洞门坞工、洞口排水系统、洞口检查设备安装和洞口段洞身砌筑。

四、方法
最关键的工序是洞口开挖。

（一）隧道进洞前应对边（仰）坡进行防护和加固、做好排水系统

使土体的抗剪、抗压强度提高，透水性偏低，自身保持长期稳定。改良土体的方法和范围应根据工程地质、水文地质来确定。

（二）根据地质条件确定的施工方法

1. 全断面法

1）定义

全断面直接开挖进洞的施工方法。

2）适用

围岩在Ⅱ级以上，地质良好。

3）注意事项

（1）初始 10～20m 的开挖用爆破，进度在 2～3m。

（2）洞口 3～5m 区段挂网喷混凝土及设钢拱架予以加强

（3）其余用喷射混凝土支护，局部地段在拱部设锚杆

2. 台阶法

1）定义

分上下台阶开挖法进洞。

2）使用

围岩为Ⅲ～Ⅳ级地质。

3）注意事项

（1）围岩为Ⅲ～Ⅳ级地质，条件好，爆破进度控制在 1.5～2.5m，采用系统锚杆和钢筋网喷射混凝土作施工支护。

（2）围岩为Ⅳ～Ⅴ级地质，条件差，上部进度控制在 1.5m 内，采用超前锚杆（或超前小导管注浆）与系统锚杆相结合，挂网喷射混凝土的施工支护。

（3）围岩为Ⅴ～Ⅵ级时，采用管棚法进洞。上部进度控制在0.5m以内，不用爆破只用反铲挖掘机，并采用管棚与系统锚杆相结合，挂网喷射混凝土作施工支护。

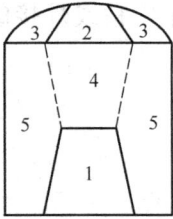

图 4-30 下坑法的施工步骤

3. 其他方法

使用围岩为Ⅴ级以下，底层条件差，采用的方法有：

（1）环形开挖的核心土法。

（2）侧壁导坑法。

（3）下导坑法，其施工步骤见图 4-30。

（4）接长明洞法——即在洞口处先作明洞拱圈，且拱圈抵紧仰坡坡脚并在明洞上回填加固仰坡作用。

不管哪种方法，开挖尽量用人工，必要时才采用弱爆破，进度控制在1m内，并在开挖前要采用管棚支护或超前小导管支护的施工方法。

第十节 明 洞 施 工

一、定义

没有覆盖土层的隧洞。

二、方法

（一）先墙后拱法

（1）定义：先施工墙后浇筑拱的施工方法。

（2）适宜：埋深较浅且按临时边坡开挖能暂时稳定的对称式明洞。

（3）施工步骤如图 4-31 所示。

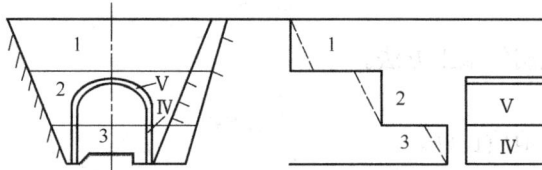

图 4-31 先墙后拱法的施工步骤

（4）优点：衬砌的整体性好，施工的空间大。

（5）缺点：土方开挖量大，刷坡较高。

（二）先拱后墙法

（1）定义：先施工拱，做外贴式防水层，进行初步回填，后挖拱脚以下土石，灌注边墙。

（2）适宜：路堑边坡较高，明洞埋置较深或明洞位于松软地层中，不照明挖一挖到底时。

（3）施工步骤如图 4-32 所示。

（4）优点：土石方开挖量小，刷坡较低。

（5）缺点：衬砌的整体性差。

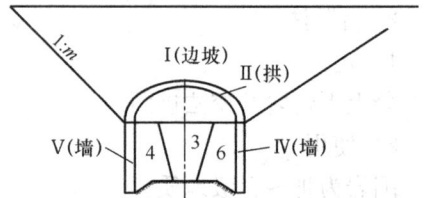

图 4-32 明洞先拱后墙法的施工步骤

第十一节 示 例 与 习 题

一、示例

（一）单项选择题

1. 正台阶法的施工流程是（A）。

(A) 先挖上部弧形断面，然后开挖下部弧形断面

(B) 上、中、下部弧形断面同时开挖

(C) 先挖上部弧形断面，然后开挖中部弧形断面，最后开挖下部弧形断面

(D) 先挖下部弧形断面，然后开挖上部弧形断面

2. 侧壁导坑法的特点是（D）。

(A) 衬砌质量较差

(B) 造价低，通风排水较方便

(C) 施工进度快

(D) 开挖面小，围岩扰动少，遇地质条件变化变换施工方法容易

3. 有仰拱的封闭式衬砌的作用是（D）

(A) 节省材料

(B) 形式美观

(C) 加强衬砌强度和刚度，抵抗可能出现的坍方现象

(D) 地下水不允许经隧道排水，以免流水带走泥砂导致坍塌

解析 这是因为隧道结构采用有仰拱的封闭式衬砌，可以避免流砂现象，地下水不允许经隧道排走，以免流水带走泥砂导致坍塌。

4. 初期支护属于柔性支护，与围岩共同工作并（C）。

(A) 不允许有限制变形　　　　(B) 不允许有变形

(C) 允许有变形　　　　　　　(D) 允许有较大变形

5. 隧道挖掘的循环进度在不稳定围岩中为（B）m。

(A) 0.5～1　　　　　　　　　(B) 0.5～1.2

(C) 0.8～1.2　　　　　　　　(D) 1～1.5

6. 管棚钢管环向布设间距对防止上方土体坍落及松弛有很大影响，施工中必须根据结构埋深、底层情况、周围结构物等选择合理间距，一般采用间距为（D）倍的钢管直径。

(A) 0.5～1　　　　　　　　　(B) 1～1.5

(C) 1.5～2　　　　　　　　　(D) 2～2.5

（二）多项选择题

1. 与洞身一般地段的隧道地质条件相比，隧道洞口地段具有（ABCE）。

(A) 埋深浅　　　　　　　　　(B) 风化层厚度大，岩石破碎

(C) 易受地表水的冲刷和渗透　(D) 施工易受边坡和地形稳定性影响

(E) 各工序之间相互干扰大

2. 一次注浆分为（CD）。

（A）同步注浆　（B）即时注浆　（C）前方注浆　（D）后方注浆　（E）非同注浆

（三）案例

某隧道工程桩号为 6K＋900～8K＋100，全长 1200m。其中 6K＋900～7K＋280 为Ⅲ类围岩，7K＋280～7K＋860 为Ⅱ类围岩，其余为Ⅳ类围岩。根据设计要求Ⅱ类围岩掘进时应进行超前支护（采用超前锚杆在圆心夹角 120°的扇形弧长范围内按 0.4m 间距分布钻眼打入），超前锚杆每根长度 5m，超前支护的每个循环，要求在纵向每根接 1m。经监理批准，施工单位对刚进入Ⅱ类围岩这一段较好围岩的钻爆进度采用 2m 一循环而且初期支护的跟进能满足超前支护的要求。当施工到 7K＋360 处，发现Ⅱ类围岩的岩层状况较差。经业主、监理和施工单位三方研究决定调整掘进速度为每一循环不超过 1.5m，以保证施工安全。施工单位为了使施工进度尽量少受影响采用了最大进度 1.5m，即每一钻爆进度为 1.5m，在 3 个 1.5m 掘进循环完成后进行一次超前支护。

问题：从施工组织和技术角度评价施工单位在 7K＋360 处以后的Ⅱ类围岩施工中所采取进度方案的合理性。为什么？

答案：Ⅱ类围岩就较好的一般情况取 2m 是可以的，而且经监理同意。但是在 7K＋360 以后的掘进都按 1.5m 循环是不正确的。因为 3 个 1.5m 是 4.5m，就不能保证超前锚杆至少搭接 1m 的要求，所以为了加快进度最多采用 2 个 1.5m 再加上 1 个 1m 来完成一次超前锚杆的支护。

二、习题

（一）单项选择题

1. 全断面开挖的特点是（　　　）。

（A）各工序干扰大，空间小，不利于大型机具设备的应用

（B）工序简单，断面一次挖成，提高钻爆效果

（C）各种管线铺设容易被爆破损坏

（D）不受条件限制

2. 采用仰拱的封闭式衬砌防流砂的施工方法应注意（　　　）。

（A）大断面

（B）支撑需要预留开口

（C）留有足够的预留沉降量

（D）先要对流砂进行固化

3. 围岩体内位移（洞内设点）不宜采用（　　　）。

（A）洞内钻孔中安设计单点位移计

（B）洞内钻孔中安设计多点杆式位移计

（C）洞内钻孔中安设四分尺

（D）洞内钻孔中安设钢丝式位移计

4. 隧道施工监控量测的初始读数，应在开挖循环施工的（　　　）h 内，并在下一循环开始前取得。

　　（A）15　　　　　（B）18　　　　　（C）20　　　　　（D）24

5. 小导管注浆支护，一般设计要求钢管沿拱的环向外插角为（　　　）。

　　（A）5°～15°　　（B）5°～10°　　（C）10°～15°　　（D）15°～20°

6. 初期支护的水泥砂浆锚杆插入孔内的长度不得短于（ 　 ）
（A）设计长度 　　　　　　（B）设计长度的 90%
（C）设计长度的 95% 　　　（D）设计长度的 100%

7. 隧道二次衬砌的施工，应在（ 　 ）进行。
（A）围岩和初期变形基本稳定后
（B）喷射混凝土达到龄期后
（C）围岩和锚杆支护施工后马上
（D）喷射混凝土达到设计强度后

（二）多项选择题

1. 一般隧道洞口段开挖施工前应做好的准备工作为（ 　 ）。
（A）清除危岩落石，做好边坡支护，稳定边（仰）坡
（B）修筑截水沟及洞外相应排水沟，完善洞外防排水系统
（C）做好超前支护
（D）做好洞门端墙，稳定仰坡
（E）做好洞外路面

2. 当隧道洞口段遇有浅埋破碎、大跨地层时，可采用的施工措施有（ 　 ）。
（A）采用小导管或管棚进行开挖
（B）地表予以注浆加固围岩
（C）采用侧壁导坑分布开挖
（D）采用短进度、弱爆破
（E）采用盖挖逆作法施工

3. 隧道内采用超前小导管与注浆加固软弱地层时，其施工应符合（ 　 ）。
（A）小导管采用直径 32mm 的焊接钢管或 40mm 的无缝钢管制作，长度宜为 3~5m，管壁每隔 10~20cm 交错钻眼，眼孔直径 6~8mm
（B）沿隧道纵向开挖，轮廓线向外以 10°~30° 的外插角钻孔，将小导管打入地层。亦可在开挖面上钻孔将小导管打入地层。小导管的环向间距为 20~50mm
（C）小导管注浆前，应对开挖面及 5m 范围内的坑道喷射厚为 5~10cm 的混凝土或用模板及混凝土封闭
（D）注浆压力为 0.5~1MPa，必要时可在孔口处设置止浆塞。止浆塞应能承受规定的最大浆液压力或水压
（E）注浆后至开挖前的时间间隔，视浆液种类宜为 14~18h。开挖时应保留 3~5m 的止浆墙，防止下一次注浆时孔口跑浆

4. 小导管注浆加固选用的注浆材料应具备（ 　 ）等特点。
（A）良好的可注性
（B）固结后强度大、抗渗、稳定、耐久和收缩
（C）无毒
（D）价格低廉
（E）注浆工艺简单、方便、安全

5. 锚喷支护中，锚杆的种类有（ 　 ）。

（A）端头锚固式锚杆

（B）衬砌式锚杆

（C）沉降式锚杆

（D）摩擦式锚杆

（E）混合式锚杆

6. 隧道施工中，若出现（　　）情况之一，表明隧道结构已临近危险状态，应立即停止掘进，采取处理措施。

（A）隧道周边收敛速度明显减缓

（B）收敛量已达总收敛量的80%

（C）周边及开挖面坍塌

（D）量测数据有不断增大趋势

（E）时态曲线长时间没有变缓的趋势

7. 喷锚暗挖法加固支护的施工中，锚杆安装应符合的要求有（　　）。

（A）安装前应将钻孔清洗干净

（B）水泥砂浆锚杆应灌浆饱满，杆头外露主干不大于200 mm，杆体要先除锈去泥

（C）楔缝式和胀壳式锚杆，安装前应将部件先组装好，楔紧

（D）安装后，应有检查合格记录

（E）锚杆应有抗拢试验，按规范规定进行

8. 小导管注浆支护的设计包括（　　）。

（A）钢管直径为30～50mm，长为3～5m

（B）钢管钻设注浆孔间距为300～500mm

（C）钢管沿拱的环向布置间距为150～300mm

（D）钢管沿拱的环向向外外插角为5°～15°

（E）小导管是受力杆件，因此两排小导杆在纵向上应有一定的搭接长度，钢管沿隧道纵向的搭接长度一般不小于1m。

三、习题答案

（一）单项选择题

1. B；2. C；3. C；4. D；5. C；6. D；7. A

（二）多选题

1. ABC；2. ABCD；3. ABC；4. BE；5. ADE；6. CDE；7. ACD；8. ADE

第五章 盾构隧道施工

第一节 概 述

一、盾构法

利用盾构机械完成隧道的一种施工方法。

二、盾构

（一）定义

是进行暗挖施工的装置，是一种既能支撑地层压力，又能在地层中推进的圆形、矩形或马蹄形等特殊形状的钢壳结构。

（二）组成

钢壳前部有各种类型的支撑和开挖土体的装置，中段的周围有顶进的千斤顶，尾部有拼装衬砌并及时向紧靠盾尾后面的衬砌与地层之间空隙中压注足够的浆体的壳体。

（三）原理

先在隧道的一端建造竖井或基坑，以供盾构就位。盾构从竖井或基坑的墙壁预留孔处出发，地层中沿着设计轴线在盾壳的支护下进行运行作业——盾构掘进与推进系统是环形布置的若干千斤顶，泥土开挖后由排渣系统排除，盾构前进一节其后端即可拼装一节衬砌，如此周而复始地循环。

（四）优点

集支护、开挖、推进、出渣、衬砌、拼装于一体、机械化程度高，施工安全可靠。

（1）在盾构设备掩护下，于不稳定土层中，可安全地进行土层的开挖与支护工作。

（2）暗挖方式施工时与地面工程及交通互不影响，尤其在城区建筑密集和交通繁忙地段，具有优越性。

（3）振动和噪声小，可控制地面沉陷，对施工区域环境影响小，对附近居民没有干扰。

（五）结构图

见图 5-1。

（六）主要工序

盾构的安设与拆卸、土体的开挖与推进、衬砌的拼装与防水等。

（1）盾构的安设与拆卸在盾构施工段的始端。这时应进行盾构安装和盾构进洞工作，在通过施工区段后，又应出井拆卸。

盾构安装是在基坑或坑井内进行的，待准备工作结束后使盾构进入地层，盾构拆卸亦在井中进行，先将盾构设备通过起重设备将其吊出井，再进行后续施工。

（2）土体开挖与推进。盾构施工首先使切口环切入土层，然后再开挖土体。千斤顶将

图 5-1　盾构的结构图

切口环向顶进土层（其最大距离是一个千斤顶的横撑），土体开挖可用人力或机械切削开挖，但都在盾构保护下进行，配合运土机械从盾构中运出。

（3）衬砌拼装与防水。在盾构法中采用薄层预制块拼装，然后对腹壁浇筑内衬。

预制拼装通常由称作"管片"的多块弧形预制构件拼装而成。拼装程序有"先环后纵"和"先纵后环"。

先环后纵法是拼装前缩回所有千斤顶，先将管片拼成圆环，然后用千斤顶使拼好的圆环沿纵向将已安装好的衬砌靠拢，使之连接成洞。用此法拼装，环面平整，纵缝质量好，但可能形成盾构后退。

先纵后环法拼装时缩回该管片部分安装的千斤顶，其他千斤顶仍轴对称地支撑或外压，因此可防止盾构后退。

拼装后，常采用纵缝，环缝设防水密封垫，一般用合成橡胶，而后进行衬砌。

衬砌完成后，盾尾与衬砌间的建筑空隙及时采用壁后压浆以防止地表沉降，同时可改善衬砌的受力状态，并提高防水能力。

压浆分为一次压浆和二次压浆。当地质条件差，有不稳定盾尾空隙时，宜采用一次压浆（以水泥、黏土砂浆为主，终凝强度不低于 0.2MPa）。二次压浆是当盾构推进一环后，先向壁后的空隙注入粒径 3～5mm 的石英石或砂粒砂；连续推进 0.6～0.8MPa，且应对称于衬砌环进行。

（七）原理和使用场合

盾构法是指用暗挖法掘进并使用装配式被复结构构筑隧道的一种方法。其掘进作业是在盾壳的保护下进行的，盾壳前部有刃口及切削设备，盾中有支撑环，盾尾有装配式管片、衬砌结构的起重设备及密封件。

其特别适用于软土地层中构筑隧道，在构筑城市隧道与水下隧道时常采用之。

三、盾构施工法的基本参数

盾构施工法是根据不同的地质条件，采用相适应的、构造复杂的盾构机，通过计算机精确控制，在地下向前掘进。同时，尾部拼装上可以承受巨大压力的、相互咬合的管片而形成圆形隧道。这种方法的优点：一是安全，在施工过程中可以通过计算机控制机械施工，安全可靠，减少了地下工人掘进隧道的风险；二是速度快，一天最高掘进 30m，而矿山法施工，一天的最高掘进是 2m；三是质量好，其采用机械施工，在质量上可以做到经久耐用。

（一）盾构直径

盾构直径是指盾壳外径，而与刀盘、稳定翼、同步注浆用配管等突出部分无关。盾构机的直径应根据管片外径、盾尾空隙和盾尾钢板厚度等设计要素确定。所谓盾尾空隙，是指盾壳钢板内表面与管片外表面的空隙。根据隧道限界和结构尺寸要求，在确定衬砌外径之后可按施工要求或经验确定盾构直径。

$$D = d + 2(x + \delta)$$

式中　D——盾构直径（mm）；

d——隧道外径（mm）；

x——盾尾空隙（mm）；

δ——盾尾钢板厚度（mm）。

（二）盾构长度和灵敏度

盾构长度和灵敏度主要取决于地质条件、运转操作、开挖方式、衬砌形式、隧道平面形状和盾构灵敏度（即盾壳总长与盾构外直径 D 之比）。一般可参考：

小型盾构（$D = 2 \sim 3$m），$L/D = 1.5$；中型盾构（$D = 3 \sim 6$m），$L/D = 1.0$；大型盾构（$D > 6$m），$L/D = 0.75$。

第二节　盾构机构造与分类及选择

一、主要构件

盾构机有前部、中部、后部的封闭构造。其内径比隧道衬砌外径略大，空隙为衬砌外径的 0.8% 左右。

（1）前部为切口环或削刀盘，施工时最先切入地层并掩护开挖作业，其顶部为一突出的前檐，设有刀口，插入土中形成一个防护顶棚，支撑着开挖面上方的土压力。

（2）中部是支撑环，是盾构的主要受力结构，承受盾壳的外荷载——地层压力、千斤顶的反作用、切口入土的正面阻力、衬砌拼装时的施工荷载。

支撑环长不小于千斤顶（约为 $1.8 \sim 2.2$m），宽比衬砌环宽大 $0.2 \sim 0.3$m，外沿布置盾构千斤顶，中间布置拼装机及部分液压设备、动力设备、操作控制台。

（3）后部是盾尾，用于掩护的壳体。在其保护下进行隧道衬砌环段的装配工作。盾尾长度应保证盾构千斤顶活塞杆缩回去，能掩护 $1.5 \sim 2.5$m 环衬砌宽度见千斤顶铁厚度并有 $0.1 \sim 0.2$m 的余量，盾尾护壳由 $40 \sim 50$mm 的钢板组成，盾尾末端有盾尾密封装置，防止泥水和注浆从盾尾与衬砌间的空间流入。

二、分类

（一）按开挖方式分

1. 手掘式

在工作面采用鹤嘴锄、风镐等工具开挖。其优点是构造简单、配套设备少、造价低，缺点是进度慢、劳动强度大、开挖面在挖掘时无坍塌。

2. 挤压式

盾构向前推进时，胸板挤压土层，土体从胸板上的局部开口处挤入盾构内。不需开挖，提高了掘进效率，但会引起周围地层沉陷。另外，其可分为半挤压和全挤压两类。

3. 半机械式盾构

在手掘式盾构的前端，装上反铲挖土机械或螺旋切削机以代替人工开挖。

4. 机械式盾构

在机械的前端，装上和盾构相当的切削刀盘。

其有：

(1) 开胸式机械盾构：无胸板，透过刀架间的空隙可直接看到开挖面。

(2) 局部气压盾构：工作人员不在高仓内工作，用气压稳定开挖工作面。

(3) 泥水加压盾构：以加泥浆水来取代压缩空气，稳定开挖工作面。

(4) 土压平衡盾构：在盾构切口环和支撑环间装有密封隔板，使盾构开挖面形成一密封舱，其前端是一个全断面切削刀盘，用以开挖地层。

(二) 按开挖面挡土方式分

(1) 开胸式：能直接看到开挖面进行开挖。

(2) 闭胸式：不能直接看到开挖面，靠多种装置间接地掌握开挖面情况进行开挖。

三、选择

选择盾构机时需要详细调查掌握隧道沿线的工程地质和水文地质状况、地层围岩分类和分布状况、地区位置选择条件等。

(一) 原则

适用、经济、技术先进三个方面，即综合考虑为安全、经济、可靠的盾构机。

(二) 需考虑的因素

(1) 隧道的断面形状及尺寸。

(2) 盾构机的类型、性能、配套设备。

(3) 地层条件包括开挖面的自稳性、地下障碍物的有无；振动、噪声等对周围环境的影响，地面沉降等；地面环境包括附属设施的占地面积、掘进后废土的处理。

(4) 施工条件怎样？这时有隧道长度、隧道线形、工期长短、作业环境和工程管理等。

第三节　隧道盾构法施工

一、施工准备

(1) 在隧道始、终端开挖基坑或建竖井；特别长的隧道中间需有中间检修井。

井的尺寸应根据盾构装拆施工要求来定。一般来说其宽度比盾构直径大 1.5～2.0m，形状多为矩形，也有圆形及其他形状。除为满足盾构和安装设备外，还要考虑盾构推进、出洞时，拆除洞门封板和在盾构后面设置后座，以及垂直运输所需空间。

(2) 盾构机井内拼装就绪，试运转，拆除进出洞的洞门将盾构推出，开始掘进。

二、盾构机推进

(一) 推进设备由盾构千斤顶和液压装置组成

盾构千斤顶一般沿支撑环内周均匀分布，其数量与管片或切块的分块有关，一般至少为管片数目的双倍或按管片的偶数倍增加，以便在盾构推进时保证管片均匀受压。盾构千斤顶由缸体、活塞和活塞杆、支撑顶铁等部分组成。

盾构中液压装置由输油泵、高压油泵、控制油泵及一系列管路和操纵阀件组成。

盾构千斤顶是推进和调整方向的主要设备，每只千斤顶的顶力约为 $1000\sim2000kN$，盾构推进时，由液压装置的高压油泵通过管路和操作阀体使高压油进入千斤顶缸体，使活塞杆根据需要伸出或缩回。

盾构中的液压装置除对千斤顶供油外，还为衬砌拼装机械的液压马达和提升设备的液压供油。

（二）盾构机掘进顺序

切削、压紧开挖面取出切削的土砂及盾构推进等作业，或者将上述的组合进行掘进。

1. 切削形式

切削（开挖）方式包括人工挖掘式、半机械式、机械式、密封式、土压式和泥水式。

2. 开挖面的挤压方式

开挖面的挤压是在盾构机的前部（即切口环部）进行的。这种构造形式有全敞开式、半敞开式和密封式三种。

3. 土砂的运输方式

土砂的运输方式有：①固体状态运输方式；②使土砂形成半流动状态的输送方式；③土砂为流体状的输送方式；④土砂以粉尘状态用空气输送的方式。

全敞开式、半敞开式盾构施工法，是将切削后的砂土使用皮带运输机或运土小车运输。密封式的泥水盾构机将切削的土砂与泥土混合为流体状态，使用泵、管道进行输送，或用土砂压送泵以半流动状态运输。利用空气输送的方式是将切削后的土砂弄成粉尘状态，在管内用喷射气流将土砂排出坑外。

4. 盾构机向前推进的方法

盾构机使用设置在盾构机中部（及支承环部）内的液压缸（盾构千斤顶），以在隧道内拼装完成后的管片为反力支座，将盾构机整体向山体内边挤压边推进。向山体内推进的作业是各种作业功能的连续重复作业，即切削山体、挤压开挖面、出渣（将切削的土砂排出），以后部隧道（拼装完成的管片）作支承反力座，用盾构液压缸将盾构机向前推进，组装管片，然后再进行切削。

（三）掘进后隧道的支护

隧道支护的目的是防止隧道崩塌，保持隧道的必要断面，承担隧道长期使用的任务。隧道支护分为一次衬砌和二次衬砌。一次衬砌是在隧道掘进中实施的，主要构件为管片；二次衬砌是在开挖成型后，在其内部（即管片的圆周侧）所实施的浇筑混凝土衬砌。

（四）盾构机推进的基本注意事项

（1）正确、恰当地运用推进时所需要的盾构液压缸数量及位置。

（2）推进中不破坏开挖面的稳定。

（3）不损坏管片及后部结构。

（4）按设计线路正确推进，防止盾构机发生上下摆动、左右晃动和转动现象。

三、盾构隧道的衬砌拼装

（一）拼装方法

1. 按结构受力要求分

（1）通缝拼装：使管片纵缝环环对齐，施工应力较小。

（2）错缝拼装：相邻衬砌圆环的纵缝错开管片长度的 1/3～1/2。

2. 按拼装顺序分

（1）先环后纵法：先将管片拼成圆环，后用盾构千斤顶将衬砌圆环纵向顶紧。

（2）先纵后环法：将管片逐块先与上一管片拼接好，最后封顶成环。

（二）拼装内容

（1）拼装前应将管片清扫干净，并把盾尾内表面清理干净。

（2）衬砌装配是在盾尾的盾壳保护下进行的——管片方正设于有转盘的专门小车上，运到举重器处，在这转盘上转动管片，使管片垂直于隧道轴线方向，并将其平放在对准举重钳的位置上，将举重钳的摇轴插入管片螺旋孔中，缩回举重臂，将管片提起，再将臂沿隧道环向旋转，将管片对准安放的地方就位。

（3）由于盾环推进时对衬砌施加了很大的顶力，因此每次推进之后至少在最后三环衬砌范围内重新拧紧螺栓。

四、背后注浆

（1）背后注浆的目的：防止地表沉降，改善衬砌受力状态，抵抗侵蚀并可防水。

（2）注浆有一次与二次压注。一次注浆，随盾构推进在盾尾与衬砌间出现空隙时，立即对管片上予以留孔，压注有一定压力（0.6～0.8MPa）的水泥类砂浆将管片上的空隙充满。二次衬砌是在盾构推进一环后，立即用风动压浆机对衬砌预留孔压入豆粒砂，来防止地表坍陷，在继续推进数环后，再用压浆泵将水泥类浆液压入砂间空隙，使之凝固。

（3）压浆应沿衬砌环向对称进行，并尽量避免单点起压浆，可减少压浆衬砌的不均匀施工荷载。

第四节　示 例 与 习 题

一、示例

（一）单项选择题

1. 构筑城市隧道或水下隧道时常采用盾构法的原因是（B）。

（A）盾构法适宜于较短的隧道施工

（B）盾构法适宜于在有水的环境中构筑隧道

（C）盾构法适宜于在软土的地层中构筑隧道

（D）盾构设备比较庞大，运输不便，不适用于偏远山区

2. 不属于敞开式盾构机按开挖方式划分的是（A）。

（A）人畜混合挖掘式　　　　　　（B）手掘式

（C）半机械挖掘式　　　　　　　（D）机械挖掘式

3. 盾构机的先进性要以（B）为前提，需选择经过工程实践验证，可靠性高的先进技术。

（A）技术性　　　　　　　　　　（B）可靠性

（C）先进性　　　　　　　　　　（D）经济性

4. 土压式盾构机掘进时，理想地层的土特性不包括（C）。

（A）塑性变形好   （B）流塑至软塑状

（C）内摩擦大   （D）渗透性低

5. 一般盾构直径大，在冲积黏性土或砂质土中掘进，多采用（B）。

（A）二次注浆   （B）同步注浆

（C）即时注浆   （D）后方注浆

（二）多项选择题

1. 盾构机通常是用来开挖土砂类围岩的隧道机械，由（ACE）组成。

（A）切口环   （B）支架   （C）支撑环   （D）盾身   （E）盾尾

2. 盾构法施工技术的要点有（BCDE）。

（A）盾构基座、反力架和管片上部轴向支撑的制作与安装要具备足够的厚度，保证荷载后变形量满足掘进方向要求

（B）安装盾构基座和反力架时，要确定盾构的掘进方向符合隧道设计轴线

（C）由于临时管片的真圆度直接影响盾构掘进时管片的拼装精度，因此安装临时管片时，必须保证其真圆度，并采取措施防止其受力后旋转、径向位移与开口部位变形

（D）拆除洞口围护结构前需确认洞口土体的加固效果，必要时进行补注浆加固，以确保拆除洞口围护结构时不发生土体坍塌、地层变形过大且盾构始发过程中开挖面稳定

（E）由于拼装最后一环临时管片前，盾构上部的千斤顶一般不能使用（最后一环临时管片拼装前安装的临时管片通常为开口环），因此从盾构机进入土层到通过土体加固段前，要慢速掘进，以减小千斤顶推力，使盾构方向容易控制，盾构到达洞口土体加固区间的中间部位时，逐渐提高土压仓（泥水仓），设定压力，出加固段到达预定的设定值。

3. 土压式盾构掘进时，理想地层的土特性是（ACDE）。

（A）塑性变形好   （B）刚性土层大   （C）流塑到软塑状

（D）内摩擦小   （E）渗透性低

4. 密封式盾构机可分为（CD）。

（A）气压式   （B）水压式   （C）土压式

（D）泥水式   （E）混合式

5. 一次注浆分为（ABD）。

（A）同步注浆   （B）即时注浆   （C）前方注浆

（D）后方注浆   （E）非同注浆

二、习题

（一）单项选择题

1. 盾构法是指（   ）掘进并使用装配式和机械构筑隧道的一种方法。

（A）明挖法   （B）暗挖法   （C）台阶法   （D）矿山法

2. 盾构法最适于在（   ）中修筑隧道。

（A）松软含水地层   （B）硬岩地层   （C）破碎地层   （D）完整地层

3. 按盾构机的断面形状分，有圆形和异形盾构机两类，其中异形盾构机不包括（   ）。

（A）多圆形   （B）矩形   （C）三角形   （D）马蹄形

4. 不属于盾构机选择原则的是（   ）。

（A）适用性原则　　　（B）技术先进性原则

（C）经济合理性原则　（D）安全性原则

5. 当遇到（　　）情况时，盾构掘进应该停止，并采取措施予以解决。

A. 盾构前方发生坍塌或遇有障碍物

B. 盾构自转角度小

C. 盾构位置偏距过小

D. 盾构的推力比预设的小

（二）多项选择题

1. 关于盾构法施工现场的设施布置正确的选项有（　　）。

（A）盾构基座置于工作井的地板上，用以安装和放置盾构机，同时作为负环管片的基座，可采用钢筋混凝土结构或钢结构

（B）当盾构机掘进采用泥水机械出土和用井点降水时，施工场面应设相当规模的出土设施

（C）当采用气压法施工时，施工场地面应设置空压机房，以供给足够的压缩空气

（D）当采用泥水式盾构时，施工现场平面布置中必须考虑泥浆处置系统及中央控制室设置

（E）当采用土压式盾构时，应设置地面出土和推土设施

2. 异形盾构机主要有（　　）。

（A）矩形　　　　　（B）圆形　　　　　（C）多圆形

（D）马蹄形　　　　（E）三角形

3. 盾构机选择的原则主要有（　　）。

（A）安全性原则　　　（B）适用性原则

（C）技术先进性原则　（D）经济合理性原则

（E）人机相配原则

4. 盾构机选择需考虑的因素包括（　　）。

（A）隧道断面形状及尺寸　　　　　　（B）盾构机类型

（C）盾构机性能　　　　　　　　　　（D）盾构机的配套设备

（E）盾构机的操作人员配置

5. 注浆施工应根据土质条件选择注浆法，下列选项正确的有（　　）。

（A）在砂卵石地层中宜用渗入注浆法

（B）在砂层中宜用劈裂注浆法

（C）在黏土层中宜用劈裂或电动硅化注浆法

（D）在淤泥质软层中宜用高压喷射注浆法

（E）在砂层中宜用电动注浆法

三、习题答案

（一）单项选择题

1. B；2. A；3. C；4. D；5. A

（二）多项选择题

1. ACDE；2. ACD；3. BCD；4. ABCD；5. ABCD

第六章 特殊地质地段的隧道施工

第一节 概 述

在修建隧道中，常遇到各种不利于施工的地质构造，如断层、褶皱、裂隙、溶岩、流砂、流泥、堆积体及地下水等，在开挖、支撑和衬砌过程中，由于各种因素的影响，都能发生土体坍塌、衬砌断裂和各种特殊施工问题。隧道穿越含有瓦斯的地层，更严重地威胁着施工安全。所以，必须事先采取适当的施工方法和防范措施。

一、坍方的原因

（一）自然原因

（1）隧道穿越松散不稳定地层，如包含水分的黏土，流砂等地段。

（2）岩层节理裂隙发达、结构松散、经爆破震动，发生坍塌。

（3）隧道通过断层、褶皱带、土石变化带（如土变石、石变石、软硬岩石变更或交替），原始应力于坑道开挖后重新分布，变化复杂，极易引起坍方。

（4）地下水极其活动地区。

（5）遇有膨胀土围岩、软弱黄土、溶洞、变质岩、松散地层、极易风化页岩类岩石，以及堆积层地区等。

（二）隧道位置选定不恰当

（1）选定隧道位置时，为充分考虑地质条件对施工难易及衬砌结构质量的影响，使线路处于不良地质区域。

（2）隧道傍山穿越，一侧埋置过浅，产生不对称压力。

（3）洞门位置选择未遵循"山可穿，不可挖，大挖必坍"的规律，使洞口开挖土石方数量大，仰坡过高，发生坍方。

（4）缺乏较详细的隧道所在位置的工程地质及水文地质资料，引起施工指导措施的错误。

（三）施工不周引起的坍方

（1）施工方法的不当和错误。

（2）开挖工序赶前，衬砌工序落后，岩石长期暴露，引起地层压力增大。

（3）开挖爆破炸药用量过多，因振动引起坍方。

（4）支撑设计或支撑架立不合要求，支撑不及时，衬砌过程中支撑拆换违反操作规程及方法不当。

（5）对检查和处理危石重视不够和不及时，引起坠石坍方事故。

二、预防坍方的措施

地质明，有准备；先排水，短开挖，强支撑，弱爆破，快衬砌，勤检查，固洞口；发现坍方预兆，及时采取措施，果断处理。

（一）设计方面

（1）隧道定线和洞门位置选定，须具备有勘测单位详细的地质、水文资料，并经过慎重考虑再选定位置。一般来说，洞口、浅薄山体及上垭口是地质比较复杂的地方，应尽量避免。

（2）加强钻探工作，要尽量掌握住所有可能发生坍方的不良地质情况：如断层、滑动层、溶岩、陷穴、古河槽、堆积体、流砂、地下水及松软地段，以便施工中采取必要的措施。

（3）根据地质情况，正确选定施工方法。

（二）施工方面

（1）从设计资料和施工调查中，拟订预防坍方事故的措施计划，准备必要的料具。

（2）开挖中严格控制炸药用量，采取正确的支撑方法并及时牢固地加以支撑，做到随挖随撑。

（3）加强施工总的观察，从开挖面变形、支撑受力、判定地层压力增长情况，来预防坍方发生。

（4）从施工组织的安排中，尽量缩短临时支撑工序长度，缩小临时支撑断面和减缩支撑时间，使衬砌工作尽快跟上，禁止导坑开挖单独赶前，避免岩石风化和地下水的侵蚀，增加坍方因素。

（5）执行施工操作规程和各项检查及交接班制度。教会工人注意支撑仪态及响声、岩石的变位剥落等有关坍方的征兆，提前处理和预防。

三、坍方的处理方法

（一）逐段穿过坍渣，支撑护顶法（实例）

1. 坍塌情况

隧道通过薄层石灰岩和砂岩互层，中含沉积杂物，节理发育，层理大致水平，渗水大，$f=3$ 左右，为上下导坑先拱后墙法施工。下导坑突进过多，后续工序未能跟上，两个月内，曾先后压断下导坑支撑横梁 48 排，进行较大时中层突然坍落，引起上导坑顶坍方，以后继续发生较大坍方，最宽处达 10m，最高处自拱背以上 9.5m，坍方计 1053m³，如图 6-1 所示。

2. 处理办法

暂不清除堵塞导坑及中层坍塌部分的坍渣，而在坍渣上开挖顶设导坑，逐段衬砌拱圈，同时加强支撑，防止意外，最后清除下导坑填渣，逐步修建边墙，具体步骤如下：

（1）在 1+63.5～68 长 4.5m 一段内，清除扩大范围的坍渣，在虚渣上设置底梁，在底梁上架设和加强扩大支撑后，立即架设拱架，灌注混凝土拱圈，以浆砌片石回填拱背空隙。待混凝土强度达设计强度后，清除拱圈齐头的少量坍渣，观察坍塌情况，并备支撑木料，进行下一步处理。

（2）清除 68～74 段拱背标高以上的坍渣，用长 7m、直径 25cm 的圆木两根，一段置于已灌注好的拱圈背上，另一端置于坍渣上作为纵梁，梁端垫以圆木，再在纵梁上分层架设支撑，直抵坍塌顶部岩层（为第一组支撑）。

（3）清除该段扩大范围内的坍渣，但进度不宜过长，约 1m 左右，即铺底梁（在起拱线标高），架立柱支撑纵梁，照此逐段前进，使纵梁从虚渣上换到排架上。随着清渣换支

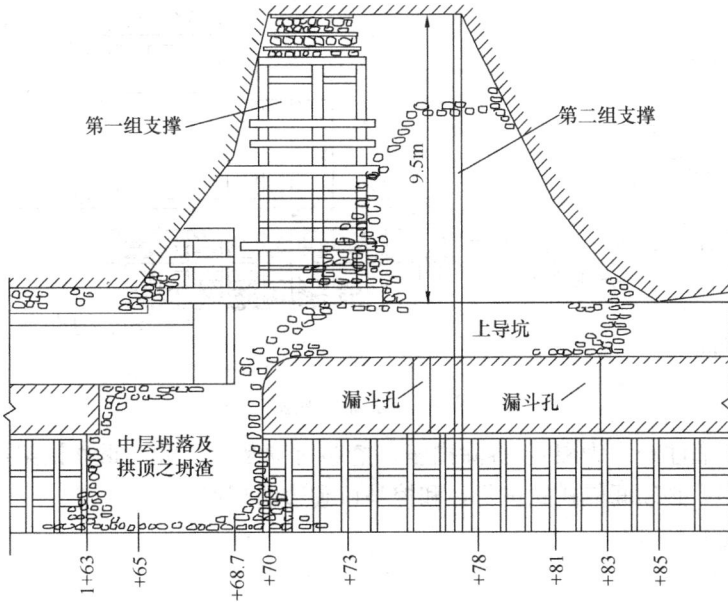

图 6-1 坍方剖面示意图

撑，逐段灌注混凝土拱圈（采用 1.5～2.0m 一段），使纵梁逐步放在拱圈背上。若拱圈施工每次过长，支撑易下沉，或造成大量坍渣落下。在拱圈进展的同时，用浆砌片石回填拱背，厚 1.2～1.5m。

（4）68～74 段第一组支撑范围的灌注拱圈及拱背浆砌回填完成后，清理 74～80 一段拱背以上的渣子，翻在第一组支撑范围内的拱背浆砌片石上，作干砌片石回填。

（5）在 74～80 段架第二组支撑及拱圈施工，照上述方法进行。完成后，清除 80～83 段的坍渣，灌拱并回填，将坍塌处封实。

（6）63.5～83 段拱圈灌注全部完成后，再清除下导管的坍渣，每段不宜超过 2.0m，逐步修建边墙。

（二）提高拱座法（实例）

1. 坍塌情况

拱顶坍方，坍宽未超过隧道宽度，拱脚尚须凿去一部分岩石，方够设计衬砌断面尺寸，坍穴两侧岩壁满布裂纹，极为松散，稍经振动，则继续坍塌，而起拱线附近，石质又较坚硬，需用爆破或撬棍凿除，为避免振坍上部，采用提高拱座法施工，如图 6-2 所示。

2. 处理办法

（1）清除坍渣，架设支撑，支护坍塌洞穴岩壁。

（2）立拱架模板，校正中线水平，原岩层侵入拱脚衬砌断面部分，一律不予凿除，利用模板作为挡板，砌筑浆砌片石拱座，拱座高度以岩壁与拱圈外弧交点为界，拱座面成辐射状，与拱圈半径一致。

（3）在拱座面铺 1.5cm 厚的木垫板，灌注混凝土拱圈。

坍方范围内的清渣、支撑及上述灌注拱圈，应视坍塌情况逐段进行，每段长度不超过 2.0m。

待全部拱圈灌注完毕，混凝土达设计强度后，在拱圈灌注接头处，拆除两排拱架及模

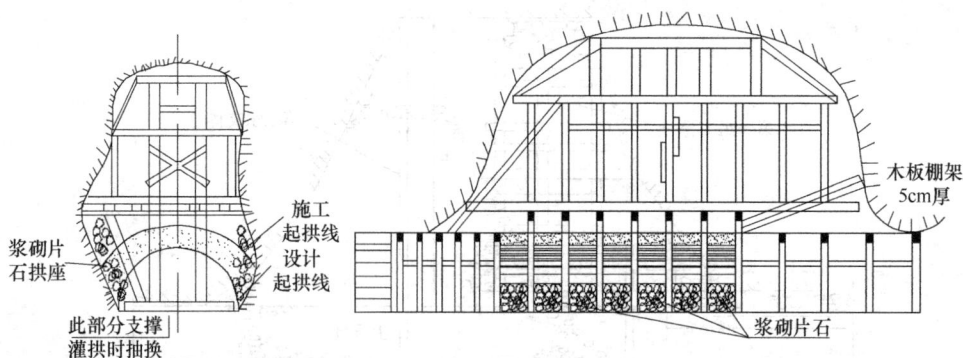

图 6-2　提高拱座法

板（以每节拱圈灌注长度为限），拆除拱座，挖够衬砌断面尺寸，重立拱架模板，灌注混凝土。此项工作，必须间隔跳跃进行，和挖马口砌边墙相似。

（三）护拱法（实例）

1. 坍塌情况

隧道通过垭口，洞顶为山谷谷底，拱背高 2～3m 以下的岩层，系风化页岩夹薄层石灰岩，松软破碎，裂隙甚多，其上为冲刷堆积的黏土和山洪漂石。两侧则又为较坚硬的岩层，如图 6-3 所示。拱顶坍塌时，由洞内向洞口方向，坍成一斜向漏斗。自 05～18 一段灌注拱圈，须在极为松散的岩层中开挖导坑和扩大，势必引起拱顶坍塌，扩大其上堆积体已经发生坍方的范围。

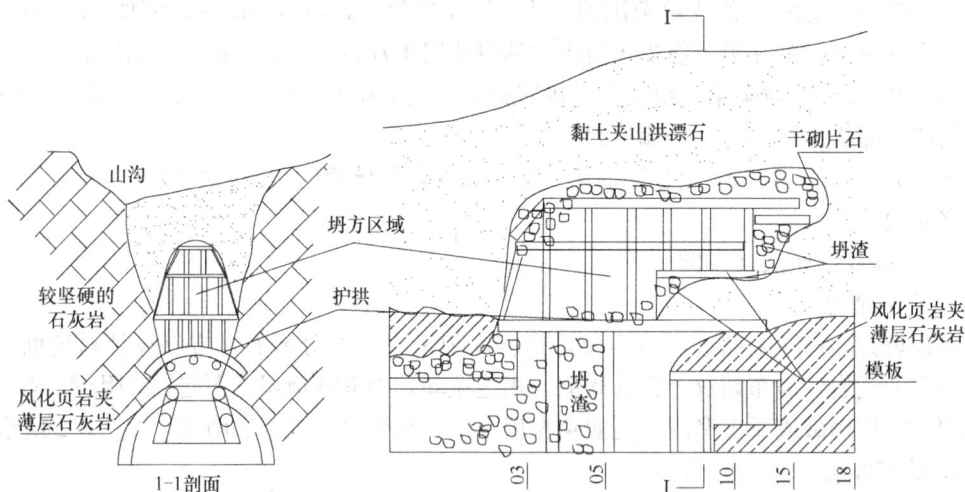

图 6-3　护拱法

2. 处理方法

（1）在已灌注好的拱背空隙，用浆砌片石回填密实，并在 03 处砌一拱形平台。清除 03～05 段的坍渣，利用拱形平台及立柱，架设排架支撑，直托坍方顶部。

（2）清除 05～10 一段拱顶风化岩层以上的坍渣，用三根 8m 长的纵梁，一端搭在拱形平台上，一端搭在风化岩上，顺隧道横断面方向，钉立横板，灌注 0.5m 厚的 140 级混凝土护拱并嵌入两侧基岩。在护拱上架立排架支撑，托紧坍方顶部。

（3）清除 10～15 段的坍渣，并利用坍渣在风化岩层上砌一拱形平台，在拱形平台上铺模板，灌注混凝土护拱，嵌入两侧基岩。在护拱上架立排架支撑，托紧坍方顶部。

（4）按同样的步骤处理 15～18 一段。

（5）在护拱下面，开挖上导坑及扩大，立拱架模板，灌注拱圈。

（6）由 18 向 03 方向，逐段用浆砌片石回填隧道拱顶与支护之间的空隙。

（7）以干砌片石回填护拱上面的坍塌空隙，并拆换支撑。

（四）框架支撑处理坍方帽顶法（实例）

1. 坍塌情况

隧道位于垭口冲积水沟底右侧的石灰岩层中，沟中为黄黏土夹弧石淤积，如图 6-4、图 6-5 所示。当下导坑开挖达 110m 时，导坑掌子面上遇有一裂缝（图 6-5），开挖时从缝中掉出零星坍土，隔 6.5h 后，导坑面顶部发生轻微轰隆声，旋即发生坍方，半塑形的黏土从导坑掌子面的裂缝中一涌而出，瞬刻即将导坑堵塞 31m，涌出坍土约 380 余方，地表形成一直径 10m，深 10m 的陷坑。此处隧底标高与原地面标高的高差为 54m，坍塌后的情况如图 6-6 所示。

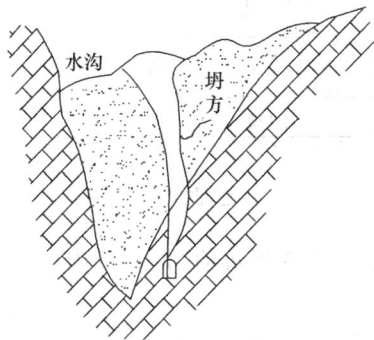

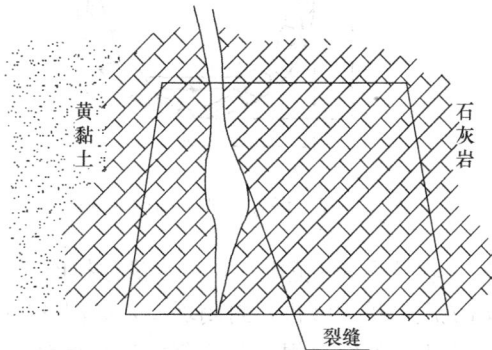

图 6-4　隧道位置　　　　　图 6-5　导坑掌子面上的裂缝

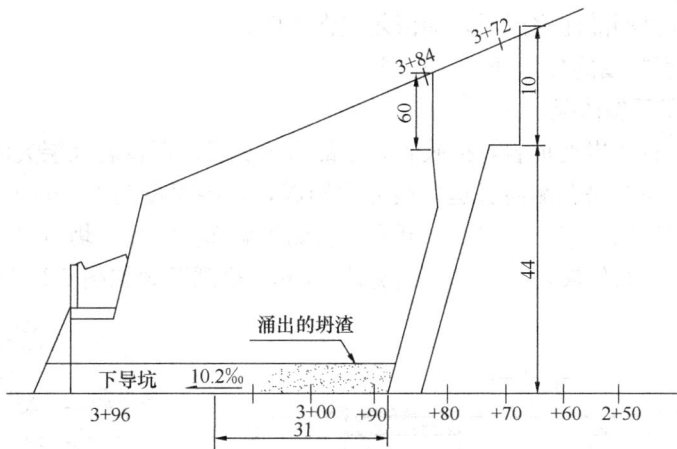

图 6-6　坍塌后情况图（m）

2. 处理方法

（1）在地面坍坑四周，挖好排水沟，将地表水引入天然水沟；坍坑四周的地表裂缝，用黄泥填塞；并搭防雨棚，防止雨水灌入坍体内。

81

（2）采用与坍坑形状相似的五边形框架支撑，四周用劈柴及树枝背紧，撑住坍坑四周坑壁，不让其继续扩大，如图6-7所示。

框架支撑，由上向下架立，坍坑口两排，与地面坡度平行，下面六排水平，每排间距1m，各排之间用短立柱顶稳，一律用碗口接头，扒钉钉紧，并用镀锌铁杆线上下联系捆紧，使之成为整体。

（3）清除坍坑中坍塌的松土，减轻坍坑底部荷重，以防上导坑坍坑时，因其自重继续坍落。

（4）下导坑暂停向前掘进，抓紧上导坑的开挖，当通过坍坑底部前10m左右时，采用浅眼少药多次爆破，眼深30～40cm，每次放炮眼数不超过5个，以防振动过大，引起坍塌。

（5）上导坑穿过坍坑后，在坍坑中距拱顶2.5m处，钉入钢钎，上架劈柴，托住坍土，下面以浆砌片石封填，如图6-8所示。

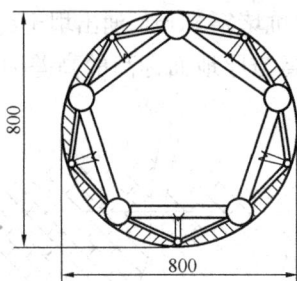

图6-7　坍方支架平面图（cm）　　　　图6-8　坍方处理图

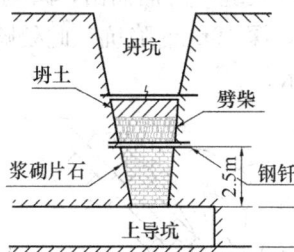

（6）在坍坑后3m范围内，扩大灌注拱圈，完成后，再在坍坑前3m范围内扩大灌拱，最后在坍坑底部扩大灌拱，封闭坍口，如图6-9所示。

（7）当上导坑穿过坍坑并用浆砌片石封填后，即开始清除下导坑的坍渣，恢复下导坑掘进。

（8）当坍塌处拱圈灌注完成后，即恢复正常工序。

（五）坍方压裂拱圈的翻修处理（实例）

1. 坍塌和拱圈开裂情况

隧道拱部为薄石灰岩夹页岩，极破碎，墙部为石灰岩、泥页岩互层夹淤砂，地下水渗漏严重，岩层层面在线路右侧向隧道中线方向倾斜，岩层厚度为2～60cm，如图6-10所示。上下导坑先拱后墙施工，中层发生断裂，右侧边墙部位坍塌，坍渣堵死下导坑，拱圈右侧发现裂缝，并继续发展，最后部分缝宽达15cm，拱圈开裂如图6-11所示。

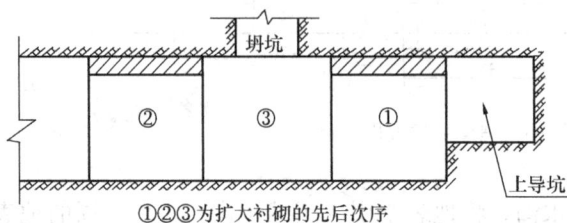

①②③为扩大衬砌的先后次序

图6-9　坍方处理时浇筑衬砌图　　　　图6-10　坍方封闭

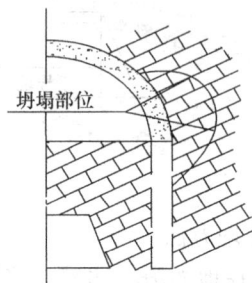

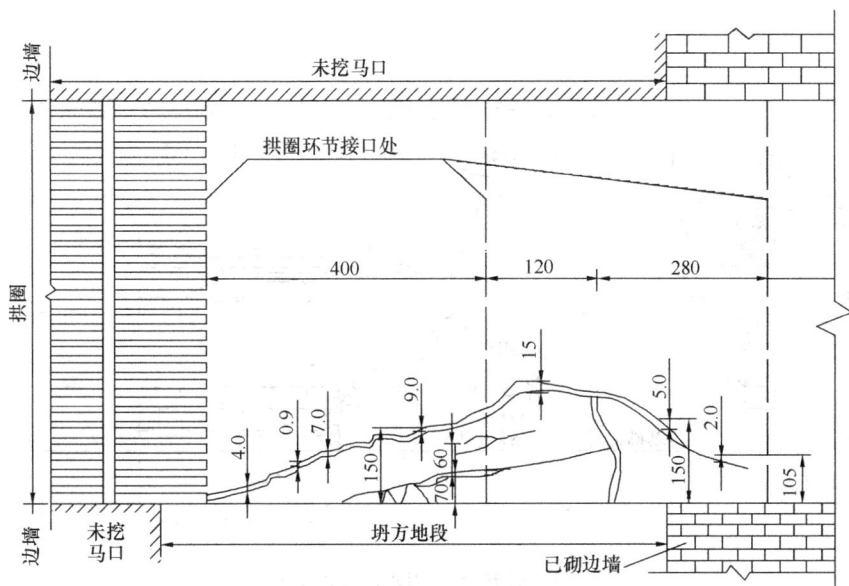

图 6-11 拱圈开裂图（cm）

2. 处理方法

根据拱圈开裂情况，立即支撑顶住断裂部分，使不造成更大事故，然后砌筑边墙，承受地压，使坍方和拱圈裂块趋于稳定，再修补拱圈。具体步骤为：

（1）采用扇形支撑，顶住裂断拱圈，防止裂缝进一步恶化。

（2）边墙砌筑，考虑坍渣将开裂拱圈撑住不能清除，故边墙混凝土灌注需由上向下分块施工，如图 6-12 所示。

先将"1"处坍渣清除，砌筑半截边墙（离墙底标高 50cm 范围，因需爆破开挖，为避免受振，留待拱圈处理后，再行挖"小马口""到刹尖"补砌）。

在"2"部灌注混凝土边墙，先用两根 $\phi25$ 的圆木，架在"4"部的坍渣上，铺底模板，灌注混凝土时加六根工具钢，以承托住拱圈，如图 6-13 所示。

然后于坍渣上灌注"3"部边墙，再依次清除和灌注"4"、"5"部的坍渣和边墙。

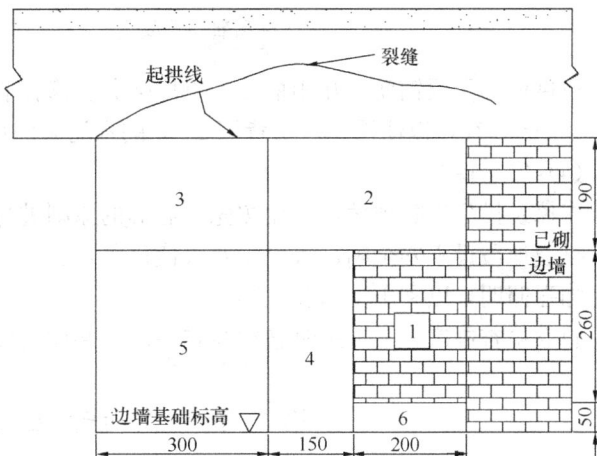

图 6-12 边墙砌筑次序

边墙背后的坍渣，在灌注边墙的同时予以清除，全部用浆砌片石填紧，不使坍方往内部发展。

（3）裂拱翻修：

架立拱架，校正净空。

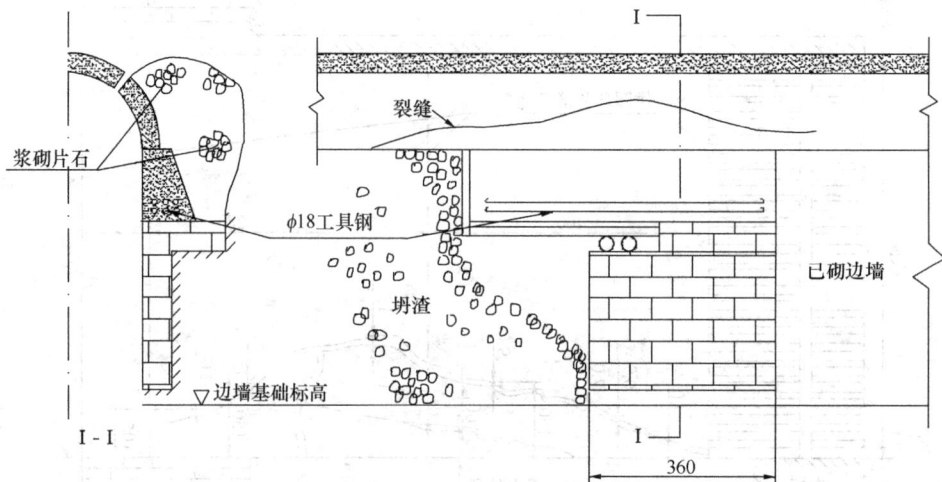

图 6-13 坍方处理加固工具钢（cm）

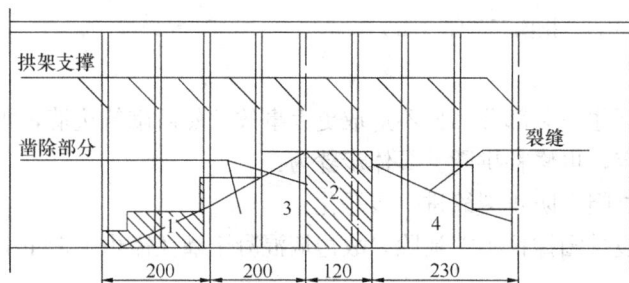

图 6-14 分块修凿坏拱和灌注混凝土

分块修凿坏拱和灌注混凝土，如图 6-14 所示。"1"完成后，"2"再开始，待"2"完后，"3""4"同时施工。

凿除坏拱分块从裂缝处开始，最后凿成台阶状，纵向断面凿成辐射面。同时，清除拱背松散坍渣及劈柴。

补灌拱圈用 140 级混凝土，每小块拱址加两根钢筋，互相搭接，以增强分块修补混凝土的整体性。混凝土所用之碎石为 2~5cm 粒径，以便操作。拱背用 1:3 的水泥浆砌片石，回填密实。

（4）安全措施：

支撑及拱架拆除顶替，一律按先立后拆的原则进行。

拱裂地段设立安全哨，每班派专人值班负责。

加强照明，以利于工作和观察。

建立检查制度，上下班时必须检查一次，并作交接班记录。

第二节 膨胀土围岩

一、定义

指土中矿物成分主要由亲水性矿物组成，有吸水膨胀软化、失水收缩硬裂、往复变形的高塑性黏土。

二、特性

膨胀土地层围岩开挖产生变形、亲水而膨胀，风化而开裂，即湿胀干缩，其特点有：

（1）具有原始地层的超固特性，使土体中有初始应力，会产生较大的塑性变形。

（2）发育有各种形态的裂隙，形成土体多裂隙性，因此初期围岩有变形大、发展迅速快等现象。

（3）由于其有湿胀干缩效应，从而使土体结构破坏，围岩压力增大。

三、危害

变形具有速度大、破坏性大、延续时间长、整治较困难等特点。

（1）围岩产生裂纹。

（2）隧道下沉。

（3）围岩膨胀突出和坍塌。

（4）底鼓、铺底破坏。

（5）衬砌变形和破坏。

四、施工要点

（1）加强调查与量测——围岩压力，地下水情况。

（2）合理选择施工方法——短台阶、超短台阶、单侧壁导坑法。

（3）原则：减少对围岩的扰动和防止水的侵蚀。

（4）衬砌时墙为曲墙，并设有仰拱。

第三节　黄　土

一、定义

有褐黄、灰黄、黄褐或红棕色且在干燥气候条件下，形成针状大孔、垂直节理发育的土。

二、分类

（一）按形成年代分

1. 老黄土

形成于更新 Q_1 的午城黄土和中更新 Q_2 的离石黄土。

2. 新黄土

覆盖在上述黄土上部及河谷阶地带的上更新 Q_3 的马总黄土及全新 Q_4 下部的次生黄土。

3. 堆积黄土

为 Q_4 的最新堆积物。

（二）按塑形指数（I_p）大小分

（1）黄土质黏砂土：（$1 < I_p \leqslant 7$）。

（2）黄土质砂黏土：（$7 < I_p \leqslant 17$）。

（3）黄土质黏土：（$17 < I_p$）。

三、危害

（1）具有各个方向的构造节理。开挖时，易顺着节理变松散或被剪切断裂。若其位于隧道顶部会坍顶，位于侧壁会掉土。

（2）隧道在黄土中的冲沟或塬边地带施工时，易发生坍方和滑坡现象。

（3）隧道若建在溶岩与陷穴的上方则基础有下沉危害,若建在其下方,会有冒顶危险，若在其邻侧，有可能受偏压。

（4）隧道穿过黄土区域，无水干燥时承受压力高，受水侵蚀后会发生下沉失去自稳能力，易坍方；若洞内排水不良，作业时会产生很大困难。

第四节　溶　岩

一、定义

以岩溶水的溶蚀作用为主，间有潜蚀和机械坍陷作用而造成的基本呈水平方向延伸的隧道。

二、类型

溶岩有死活、干湿、大小几种类型。

三、处理原则

有"引"、"堵"、"越"、"避"几种方法。

（1）引：是将暗河与溶岩中的水引到隧道限界之外，宜排不宜堵。不使其影响隧道的衬砌结构和使用为目的，采用导管或建涵管排水。若遇水流常年不断暗河可建泄水洞引走水流。

（2）堵：即对隧道范围内的溶岩进行堵塞，用封闭或半封闭式衬砌。

（3）越：使隧道跨越或穿越溶岩而通过，即建梁跨或拱跨之类结构。

（4）避：将线路避开，即改线。

四、施工注意事项

死、干、小的溶洞比较容易处理，而湿、大的溶洞处理比较为复杂。当隧道穿过可溶性岩层时，有的溶洞岩质破碎，容易发生坍塌。有的溶洞位于隧道底部，充填物松软且深使隧道基底难以处理。有时遇到填满饱和水分的充填物溶槽，当隧道掘进到其边缘时，含水充填物不断涌入隧道，难以遏止，甚至使地表开裂下沉，山体压力剧增。有时遇到大的水囊或暗河，岩溶水或泥沙夹水大量涌入隧道。有的溶洞，暗河迂回交错，分支错综复杂，范围宽广，处理十分困难。因此必须采取以下措施：

（1）施工到达溶岩边缘时，多工序紧密衔接，支护和衬砌超前。

（2）施工中注意检查溶岩顶部，及时处理危石。

（3）在溶岩地段爆破作业时应多打眼、打浅眼、控制药量。

（4）在溶岩填充体中掘进应用超前支护施工。

（5）溶岩未作处理方案前，不要将渣弃在溶岩中。

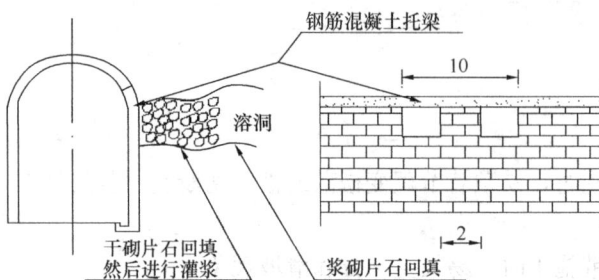

图 6-15　干小溶洞的处理（实例一）

五、溶洞的施工处理

（一）干小溶洞的处理（实例）

干小溶洞，一般采用堵的办法，用浆砌片石将溶洞填塞，再加强衬砌将洞口封死。

1）如图 6-15 所示，线路内侧起拱线下 1.65m 处，发现一溶洞，系水平形状，长 6m，高 1.1m，深不可测，愈深愈窄。发现后，流了一天积水，以后不论晴雨，已无渗水流出。处理方法为：

（1）衬砌时在起拱线下灌注一 10m 长的钢筋混凝土托梁，以便拱圈继续施工。

（2）边墙上预留两个方孔，以便观察和施工用。

（3）封闭时先在距墙背 3.0m 处用浆砌片石自里向外回填，直至距墙背 0.5m 处，然后用干砌片石回填至墙背。

（4）补砌预留孔，随即进行压浆。

后经雨期观察，边墙干燥，未发生异状。

2）如图 6-16 所示，线路内侧边墙位置，40m 范围内，开挖时连续发现三个溶洞，均为黏土、砂夹砾石所堵塞，无任何渗水。

处理办法：将在边墙衬砌厚度范围内的土夹石填充物清除，随即砌筑边墙，墙背空隙用浆砌片石回填，并进行压浆。

但在雨期时，该段衬砌背后的溶洞出现渗水，自边墙灰缝中流出，故仍在边墙上钻眼，使水流集中于钻孔中流出，并用盲沟导到侧沟内排泄。

3）如图 6-17 所示，溶洞长 7m，与隧道边墙位置有部分相重合，洞顶与洞底为狭窄的支洞，下部为可塑状的填充物，积水深达 2m。

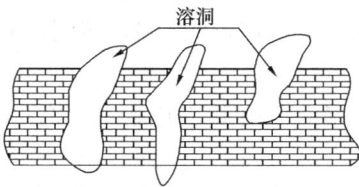

图 6-16 干小溶洞的处理（实例二）

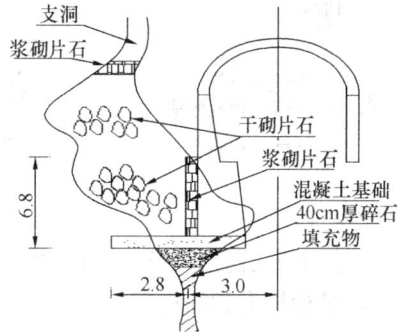

图 6-17 干小溶洞的处理（实例三）

处理办法：采取回填和加深边墙扩大基础处理的办法，其施工步骤为：

（1）抽干积水，清除上部稀泥，凿除与圬工接触的基岩的表面溶蚀部分。

（2）基底夯填碎石厚 40cm，用混凝土灌注边墙基础。

（3）砌筑边墙，墙背 0.5m 内用浆砌片石回填，其余部分用干砌片石回填。

（4）溶洞内的渗水裂隙及顶部支洞，用混凝土或浆砌片石填塞紧密。

（二）水溶洞的处理（实例）

1）如图 6-18 所示，边墙两侧各有一大溶洞，下部经常有水，随雨期来到，水位即升高至边墙基础，由线路外侧的溶洞流向线路内侧的溶洞。

（1）边墙砌筑至溶洞位置时，预留 5m 暂不砌筑，并在墙顶起拱线部位，用钢筋混凝土托梁跨过，以便该处拱圈继续施工。

（2）在隧底标高以下，修筑一 0.3m×0.3m 的石砌箱涵式暗沟，暗沟两端都伸入边墙和墙背浆砌回填以外。

（3）将该段边墙加厚为 1m，墙背后 2m 内用浆砌片石回填，其余部分用干砌片石回填。

2）如图 6-19 所示，隧道穿越溶洞而通过，有流量不大的水流自顶部二支洞流向底部

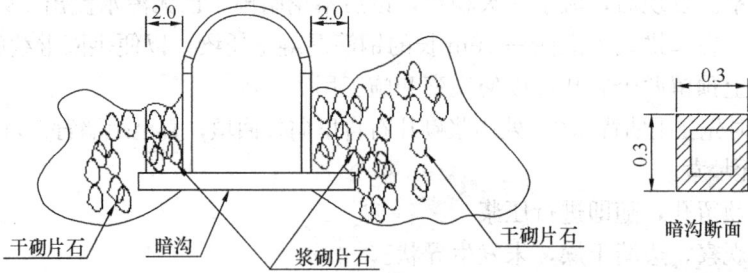

图 6-18　水溶洞的处理（实例一）

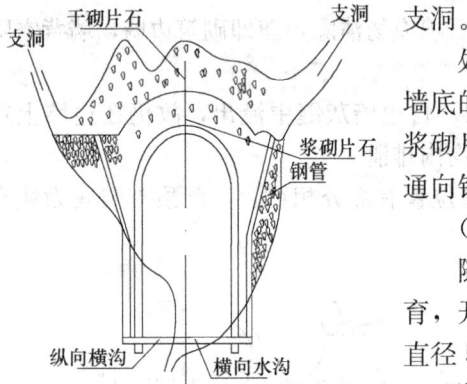

图 6-19　水溶洞的处理（实例二）

支洞。

处理方法：边墙两侧各加一根钢管，将流水引入墙底的横向水沟，再由纵向侧沟排出，衬砌周围，用浆砌片石回填，拱顶砌成一层护拱，两边留出由支洞通向钢管的水流通道，中部用干砌片石填塞紧密。

（三）特大涌水溶洞的处理（实例）

隧道穿越奥陶纪石灰岩层，地下水丰富，溶洞发育，开挖时，最初在 78＋93 上导坑底遇涌水溶洞，直径 50cm，开始时流量为 1800t/h，2h 后为 1200t/h。隧道底部开挖后，溶洞位置改在 79＋05～12 一段范围内，经常流量在 700～800t/h 之间，溶洞位置如图6-20、图 6-21 所示。

（1）暂停上导坑掘进，待下导坑穿过涌水地段之后，涌水改由下导坑涌出，再恢复上导坑施工，进行扩大和灌拱。

（2）泄水洞与隧道相交位置及涌水处的边墙暂不砌筑，如图 6-19 所示，其余附近地

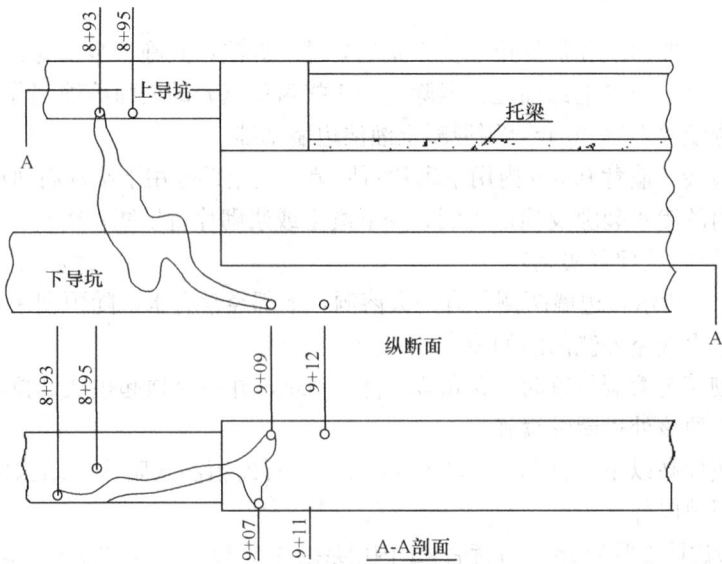

图 6-20　特大涌水溶洞的处理（实例一）

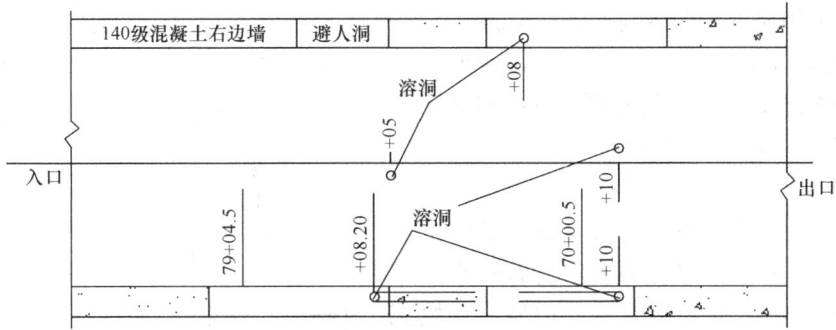

图 6-21 特大涌水溶洞的处理（实例二）

段边墙、基础采用大面块石干砌，待全洞完成后，灌浆填补缝口墙背作 40cm×40cm 暗沟，中填 15cm 以上粒径的片石；墙身采用 140 级混凝土灌注。

（3）在 79+09.51 处，铺设直径 15cm 的五根铸铁管，与隧道正交，右侧边墙底 79+06.2～10 处铺设一根铸铁管，如图 6-22 所示，铸铁管位置在隧底底面下 20cm 处，管底部钻有间距 15cm、梅花形分布、直径 15mm 的小孔，墙底的铸铁管两端及与隧道正交的铸铁管的右端，则填以大块片石，使涌水进入铁管流向泄水洞排出。

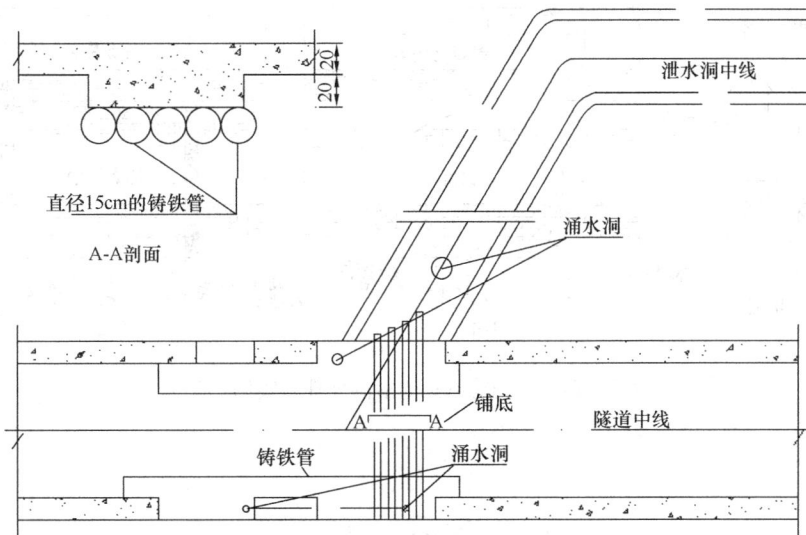

图 6-22 特大涌水溶洞的处理（实例三）

（4）铺底及隧道侧沟，采用麻袋围堰及双层模板中填黏土筑坝排水施工，先铺中间部分 4m 宽的地带，两边各留 0.8m 暂不铺设，作为临时排水沟，待泄水洞通后补铺，铺底厚为 40cm。

（5）泄水洞：

泄水洞长 181.7m，开挖断面 7.55m²，净空断面 4.21m²，与隧道中线间距 20m，如图 6-23 所示。采用全断面一次开挖法施工。

（6）泄水洞与隧道接通后，涌水改由泄水洞排出，再将隧道铺底两侧部分，继续铺筑完成。

（四）采用跨越法的溶洞处理（实例）

隧道线路正跨溶洞，洞长 12m，深度大于 60m，填有黏土、灰岩燧石角砾，开挖时呈可塑至流动状态，如图 6-24 所示。

处理方法：

左侧边墙背后为基岩，采取石砌拱跨过溶洞，如图 6-24 中甲—甲剖面所示。石砌拱只承山体垂直压力，拱下作不承重的边墙，在填充物中，打木桩作为边墙基础。

右侧以钢筋混凝土托梁跨过溶洞，托梁两端以混凝土支柱落于基岩上。山体压力及拱圈自重由托梁承受，边墙承受溶洞内填充物的侧压力，墙基置于打入填充物的木架桩上。

图 6-23　特大涌水溶洞的
处理（实例四）

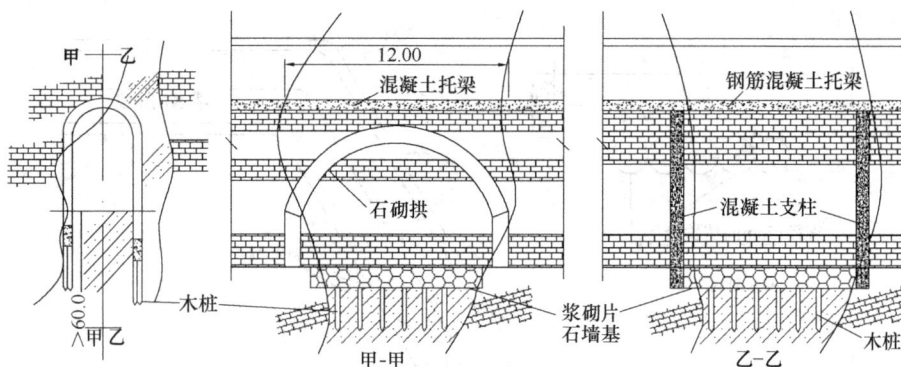

隧道的隧底部分，须承受活载，而溶洞深度很大，为行车安全和减少回填数量，采用 16.46m 的钢筋混凝土 T 梁跨过，如图 6-25 所示。

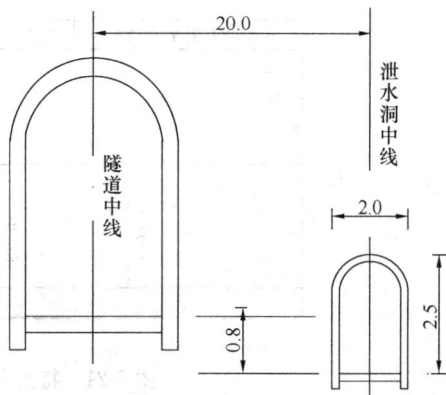

图 6-24　采用跨越法的溶洞处理（实例一）

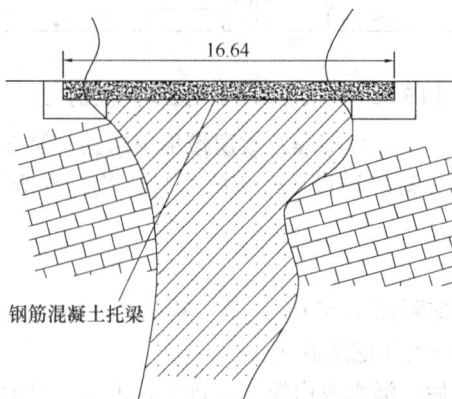

图 6-25　采用跨越法的溶洞处理（实例二）

第五节 瓦 斯 地 层

一、定义

瓦斯（即沼气）是地下坑道内有害气体的总括，以甲烷（CH_4）为主，含量可大于 99.9%。

二、物理力学性质

（一）瓦斯成分

瓦斯主要是甲烷，其他还有二氧化碳、氮气及微量氢气、乙烷、硫化氢、一氧化碳等的混合气体，当达到一定浓度时，一触高温、火花就会燃烧与爆炸。

（二）瓦斯性质

（1）瓦斯为无色、无臭、无味气体，与碳化氢或硫化氢混合在一起发出类似苹果的香味，对人们的呼吸作用与氮气一样，当氧气减少时使人窒息发生死亡。

（2）瓦斯的相对密度为 0.554，仅为空气的一半，所以瓦斯容易积聚在隧道顶部，其扩散速度比空气快 1.6 倍，易透过裂隙发育、结构松散的岩层。

（3）瓦斯不能自燃，但极易燃烧，随浓度增大变淡；空气中有少量瓦斯时火焰呈蓝色，浓度达 5% 时，火焰呈淡青色。

三、瓦斯的燃烧与爆炸性

隧道中瓦斯浓度小于 5%，且遇火源只是在其附近燃烧时不会爆炸，但随着浓度达 5%～6% 到 14%～16% 时，遇火源会爆炸；浓度大于 16% 时不爆炸但可平静地燃烧。

（一）瓦斯爆破

瓦斯爆破时，一旦遇到障碍而受压缩会形成爆炸并产生高温。在封闭状态时爆炸，可达 2150～2650℃，能向四周扩散爆破，可达 1850℃。一爆破，有害气体很快传到临近，来不及躲避人员会中毒窒息，甚至死亡。

（二）瓦斯燃烧

瓦斯与火源接触，并不会立即燃烧，待吸收相当热量后才开始燃烧，温度越高，延迟时间越短，温度达 1200℃ 时，延迟时间仅为 0.02s，当高温时发生高压，即造成爆炸。

四、瓦斯的释放方式

（1）瓦斯渗出：缓慢、均匀、不停地从岩层中暴露面的空隙中渗出。

（2）瓦斯喷出：从岩层裂隙中放出。

（3）瓦斯突出：从岩层裂隙中突然猛烈地喷出。

（4）营运阶段：通过衬砌体的细微裂隙和施工缝等通道渗入隧道内。

五、防止瓦斯事故的措施

加强通风，把空气中的瓦斯含量吹淡到爆炸浓度以下的 1/10～1/5，并排出洞外，其他如加强瓦斯检查、禁绝火源、机电设备防暴、爆破作业防火。

（1）通风：采用机械通风，不能用自然通风。

（2）防火防暴，禁止火源。

（3）瓦斯检查、计立制度，进行定期和经常检测。

第六节　松散地层、流砂

一、定义

（1）松散地层指漂卵石地层、极度风化破碎已失岩性的松散体、砂夹砾石和含有少量黏土的土层、无胶结松散的干砂等。

（2）流砂：是砂土或粉质黏土在水作用下丧失内聚力后形成的，多呈糊浆状。

二、危害

（1）松散地层其胶结性差，稳定性差，施工极易坍方。

（2）流砂会引起围岩失稳坍方，支护结构变形，甚至倒塌。

三、措施、方法

开挖时减少围岩扰动，先护再挖，密闭支撑，尽早衬砌，封闭成环，减少地层含水量——井点降水。

第七节　示　例　与　习　题

一、示例

（一）单项选择题

1. 对于坍方，不正确的预测方式是（C）。

（A）观察岩粉与尘土飞扬情况

（B）观察地下水的流量、位置与情况

（C）观察裸露围岩的含水量

（D）观察支撑变形情况

2. 隧道在软卧层地段施工时，为防止坍方，在可能坍方的不良地段采取（B）排水、短开挖、弱爆破、快衬砌措施。

（A）不　　　　　（B）先　　　　　（C）后　　　　　（D）要

3. 在流砂地段施工开挖边墙马口，其长度一般不得大于（A）m。

（A）2　　　　　（B）4　　　　　（C）6　　　　　（D）0.5

（二）多项选择题

1. 坍方现象包括（ABE）。

（A）洞顶围岩垮塌　　　　（B）侧壁滑动　　　　（C）涌浆

（D）冒砂　　　　（E）冒顶

2. 隧道在流砂地段施工时，施工需要（CE）的密封支撑方法。

（A）后护先挖　　　　（B）边护边挖　　　　（C）先护后挖

（D）不护只挖　　　　（E）边挖边护

3. 在隧道通过软卧层地段时，可选用的辅助施工方法有（ABCD）。

（A）管棚钢架超前支护　　　　（B）超前小导管予以注浆

（C）超前围岩予以注浆加固　　　　（D）超前锚杆或超前小导管支护

（E）采用预裂爆破，控制药量和每循环进度

二、习题

（一）单项选择题

1. 以下对坍方的说法正确的是（　　　）。

（A）破坏严重，需要想法避免坍方　　　（B）尽量预防，及时处理

（C）威胁人身安全，施工人员需穿救生衣　　　（D）对施工影响大，一旦发生需改线

2. 不良地段进行隧道施工应该（　　　）。

（A）后排水　　　（B）弱爆破　　　（C）长开挖　　　（D）先衬砌

（二）多选题

不良地段隧道为预防坍方，应该在施工中（　　　）

（A）先排水　　　（B）短开挖　　　（C）弱爆破

（D）强支撑　　　（E）快衬砌

三、习题答案

（一）单项选择题

1. B；2. D

（二）多选题

ABCDE

第七章　隧道施工组织与管理

第一节　施工组织与设计

一、定义

从工程施工的全局出发，根据工程特点，按照客观的施工规律和当时当地的具体的施工条件和工期要求等，统筹考虑施工活动中的人、材、机、资金和施工方案这五个主要因素，对整个工程的施工进度和相当的资源分配、消耗等作出的科学而合理的安排，最后形成一个书面文件，这就是施工组织设计。

二、重要性

(1) 组织指导施工的基本技术、经济文件。

(2) 是项目在进行施工中全面管理的基础。

(3) 是项目在准备、组织、指导施工、编制计划阶段的依据。

三、任务

施工计划：作出工期及资源计划。

技术措施：保证工程质量与安全方面的措施。

四、作用

使工程优质、高效、按时、低耗地完成。

(1) 指导作用：指导施工。

(2) 协调作用：内外协调。

五、编制依据

合同、设计图纸、调查资料、标准、规范、手册、定额等。

六、编制原则

(1) 按期完成。

(2) 遵守规范。

(3) 尽可能采用机械化施工。

(4) 降低造价，提高经济效益。

(5) 就地取材，少占农田。

(6) 精心组织，均匀施工。

(7) 确保安全生活。

七、内容

(一) 基本内容

一案一表一图一算，即施工方案，施工进度表，施工平面图，施工预算（图 7-1）。

(二) 内容

(1) 编制依据与说明。

（2）工程概况。

（3）施工准备工作。

（4）施工管理组织机构。

（5）施工部署。

（6）施工现场平面布置与管理。

（7）施工进度计划。

（8）资源需求计划。

（9）工程质量保证措施。

（10）安全生产保证措施。

（11）文明施工、环境保护措施。

（12）冬、雨期施工保护措施。

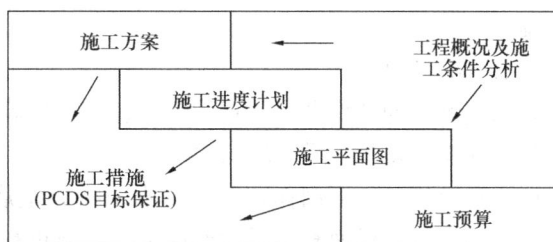

图 7-1 隧道施工组织与设计的基本内容

第二节 施 工 工 序 管 理

由于隧道施工具有突变性、危险性，灵活性的特征，因此隧道施工中应及时掌握各工序的质量情况，做好各种基础资料的记录及整理工作，及时做出质量、安全、进度及技术经济分析，为隧道施工奠定坚实基础，现对隧道的各关键工序作分析：

一、洞口与明洞工程

（一）洞口工程

洞口是里外交接处。施工时应通盘考虑，妥善安排，尽快完成，为洞身施工创造条件，因此在管理上应做好以下两点。

1. 土石方施工

（1）完成洞口排水系统。

（2）洞口开挖应自上而下逐段开挖，不得采用深眼大爆破开挖边（仰）坡，并应随时检查边坡和仰坡的稳定，及时清除松动部分和可能滑坍的表土、灌木、山坡危石，保证边（仰）坡稳定。

（3）支护工程应结合土石方工程一并完成，开挖进洞时，应用钢支撑紧贴洞口开挖面进行支护，围岩差的可用管棚支护围岩，支撑作业应紧跟开挖作业，稳妥前进。

（4）开挖时应对地层进行动态监控量测，检查多种处理措施的可能性。当出现滑坡时可采取地表锚杆、深基础、挡土墙、土袋或石笼等加固措施；当出现崩塌时可采用喷射混凝土、地表锚杆、钢索、防落石棚、化学药液注浆加固措施；当偏压时可采取平衡压重填土、护坡和挡土墙或对上方地层控切以减轻偏压力。

2. 衬砌施工

（1）土质地基整平夯实，土层松软时应加碎石人工夯实基础。同时，清除基础处渣体杂物、风化软层，并不应有积水。

（2）洞门衬砌拱墙应与洞内拱墙同时施工，连成整体。

（3）边墙要求：模板不移位，位置准确，墙面平顺，墙与背之间回填同时进行，防止对墙产生偏压。

（4）洞门衬砌完毕，应处治洞口上方边（仰）坡的防护，同时完成洞门处的排水、截水设施。

（二）明洞工程

抵御边坡、仰坡坍方、落石、滑坡、泥石流等病害。

（1）衬砌不得侵入设计轮廓线。

（2）拱圈应按断面制作，并应加强对拱脚基底的处理。当基底过深时先浇筑基础托梁，必要时架设锚杆使其与岩壁连接牢固。防止基底松动沉落，同时应在混凝土强度达到设计强度的 70％以上时方可拆拱架。

（3）棚洞的钢筋混凝土构件应预制后进行吊装，支座槽用水泥砂浆填塞紧。

（4）当拱圈拆除外模后应做好防水层及拱脚处纵向盲沟，保证排水畅通，墙背两侧同时进行回填。

（5）回填时墙底应铺 0.5～1m 的碎石并夯实，然后向上回填。石质地层中墙背与岩壁空隙不大时，可用与墙身同级的混凝土回填；当空隙较大时，可用片石混凝土或砂浆片石回填密实。土质地层中应将墙背坡面开槽成台阶状，用干切片石分层码砌，并用碎石填塞缝隙。

（6）明洞拱背应分层对称回填与夯实，每层厚不大于 0.3m，其两侧回填土面交差不大于 0.5m，回填至与拱顶齐平后，分层满铺填筑至规定高度，以机械回填时应待拱圈混凝土强度达设计要求并由人工夯实至拱顶 1m 以上后方可进行。

（7）拱背回填需做黏土隔水层，其应与边（仰）坡搭接良好，封闭紧密，防止地表水下渗影响回填体的稳定。明洞背后铺设防水层应符合《公路隧道施工技术细则》JTG/T F60—2009 的有关规定。

（8）明、暗洞衔接施工宜用先拱后墙法。在仰坡暂时稳定时，由内向外进行施工；在仰坡易坍时，可将明洞拱圈浇筑到仰坡脚，再由内向外做洞内拱圈，并确保仰坡稳定。

二、开挖

（一）开挖作业遵守规定

（1）根据开挖断面尺寸，合理确定开挖步骤和循环尺寸，保持各工序相互衔接，均衡施工。

（2）爆破后，应检查险情，及时处理瞎炮，并不应该损坏支护、衬砌和设备，同时保护好测量用的测点。

（3）做好地质构造的核对、素描及照片记载。

（二）开挖方法

采用光面爆破和预裂爆破。

1）全断面法使用于Ⅳ～Ⅵ类围岩，可采用深孔（孔达 3～3.5m）爆破，不适用于弹道隧道及停车带区段开挖。

2）台阶适用于Ⅱ～Ⅳ类较软或节理发育围岩，施工时应：

（1）上下台阶间距离，应满足机具正常作业要求，减少翻渣工作量。

（2）顶部围岩破碎，施工之后要紧跟，可适当延长台阶长度。

（3）台阶分部开挖适用于Ⅱ～Ⅲ类围岩或一般土质围岩地段，以 0.5～1m 进度为宜。

3）导坑法适用于Ⅱ～Ⅲ类围岩。

下导坑适用于探测开挖面前方地下水情况。

中导坑适用于处理膨胀压力地层。

上导坑适用于洞口段辅助开挖，单侧壁导坑适用于围岩较差、埋深浅、地表沉降需控制的场地；双侧壁导坑适用于浅埋大跨度隧道及地下沉降量要求严格而围岩条件很差的场地。

4）Ⅰ类围岩须按辅助方法的要求处理后方可开挖。

（三）超欠挖控制

（1）一般可采用光面爆破和预裂爆破来严格控制欠超挖。

（2）对围岩硬度较大、节理裂隙不发育的，应用光面爆破；对围岩完整性差，且裂隙发育，走向多样的，应用预裂爆破。

（3）爆破完整，清除浮虚石后应重新测定断面尺寸，掌握欠超情况。

（四）钻爆设计

钻爆设计可根据地质条件、开挖断面、开挖方法、掘进循环进度、钻眼机具、爆破材料、除渣能力综合考虑。

钻爆设计内容为：炮眼的布置、数目、角度、深浅、装药量、超爆方法和顺序。

（五）钻爆作业

有钻眼、装药、安线、引爆、瞎炮处理。钻眼应根据钻爆设计选定的布局进行。装药前应将炮眼内泥浆、石屑吹洗干净。起炮顺序为掏槽眼、辅助眼、最后周边眼同时起爆。爆破时所有人员撤离现场，爆破后待有害气体排出后可进入工作面进行瞎炮处理或清除危石。

三、出渣与运输

（一）装、卸渣

（1）装渣：尽可能采用机械装渣，作业时严格遵守操作规程。

（2）卸渣：尽可能采用自动卸渣或机械卸渣，并有专人指挥。卸渣场地需修整排水设施。

（二）运输

目前一般分为有轨和无轨运输两种。

（1）有轨运输时，牵引机动车不得超载，渣装入斗车顶面不超过 40cm，不超过车宽。运输中两车间距大于 60m；速度不大于 15km/h，弯道处速度不大于 5km/h。

（2）无轨运输是用自卸反斗车，会车视距大于 40m，交会净宽大于 2.5m，速度在成洞地段不大于 20km/h，作业地段不大于 10km/h。

四、支护施工

（一）方法

喷射混凝土、锚杆、钢筋网、格栅、拱架、超前支护。优先采用锚杆、喷射混凝土或锚喷联合作业为临时支护。

（二）支护选用和围岩类别有关

Ⅰ～Ⅱ类围岩用锚喷挂网，并结合施工方法进行施工支护。

Ⅲ类围岩必要时可架设钢拱。

Ⅲ～Ⅳ类围岩可用锚杆、锚杆挂网、喷混凝土或锚喷联合。

Ⅴ类围岩采用局部喷混凝土或局部锚杆、局部加钢筋网。

Ⅵ类围岩可不设支护。

（三）锚杆施工

在初喷混凝土后及时进行。

1. 普通水泥砂浆锚杆

（1）其配合比（重量比）：水泥：砂：水＝1：1～1.5：（0.45～0.5）；砂粒径不大于3mm，拌合均匀，且随拌随用，应在初凝前用完。

（2）注浆开始或中间暂停时不大于30min，不然应用水润滑管路；注浆孔压力小于0.4MPa，注浆管应插到孔底5～10cm处，随水泥浆注入缓慢、均匀拔出。

（3）锚杆杆体出入孔内长度不得短于设计长度的95%，安设后不敲击，也不在其端部挂重物。

2. 早强水泥砂浆锚杆

早强水泥砂浆是由硫酸盐早强水泥掺早强剂而成。作业开始和中途停止超过30min时，应测定坍落度，小于10min时不得注入罐内使用。

3. 楔缝锚杆（包括胀壳式）

楔缝锚杆安装前，应将杆体与部件（楔子、胀壳、托板）组装好；锚杆插入钻孔时楔子不得偏斜或脱落；打紧楔块时不得损坏丝扣，保证锚杆可靠安装于杆体后应立即上好托板，拧紧螺母。经过一昼夜后再次紧固，并要定期检查及拧紧固。

4. 树脂锚杆

钻孔可用一般凿岩机，但土层中钻孔时，要用干式排渣回旋式钻机。锚杆应用HRB335级钢筋制作，灌浆锚杆要用螺纹钢，直径为16～22mm，楔缝锚杆直径为16～25mm。

安装前应检查树脂的质量，安装时用搅拌器搅拌树脂，将树脂卷送入孔底（一般为30s），并将孔口处杆体临时固定，15min后可安装托板。

（四）喷射混凝土

1. 喷射混凝土作业的施工要求

喷射前，可用高压风、水将岩壁粉尘冲洗干净；喷射中及时清除松动石块及遮挡物体；作业时应分段（最长不超过6m）、分片、分层由下向上进行。初喷厚度大于4～6cm，后一层喷时应在前一层混凝土终凝前进行；一般应在喷射混凝土终凝2h后喷水养护7d以上。

2. 钢丝网铺设的施工要求

先在岩面上喷一层混凝土及锚杆安设后铺设钢丝网并应使钢丝网与锚杆或其他构件固定。钢丝网于受喷射混凝土时钢丝网不得扰动，喷面间距大于3cm。

3. 钢架的要求

钢架支撑应具有必要的强度、刚度（应保证能单独承受2～4m高的振动岩柱重量）。其形状应与开挖断面相适应。支撑可用H、工字、U形钢轨、钢管或钢筋格栅制成，并有螺栓连接牢靠，用作衬砌骨架时接头应焊接。钢架的制作加工尺寸应符合设计要求并应按设计位置架设，钢架之间用纵向钢筋连接，拱脚需放在牢固的基础上。

格栅钢架的主筋材料应用HRB335和HPB235级钢筋，直径大于22mm的钢管钢架，应在钢管上设置注浆孔，架设后应注满水泥砂浆。

当钢架喷射混凝土作为永久性支护结构时，钢架与围岩之间的间隙须喷射混凝土充填密实。

4. 喷射混凝土施工配套机具的要求

要求机具密封性良好；输送管应具有良好的耐磨性能，输送应连续均匀，距离（干混合料）应满足使用要求，最大骨料粒径为 25mm，生产能力为 3～5m³/h，同时应用强制式搅拌机，喷头处水压力为 0.15～0.2MPa。

5. 钢纤维喷射混凝土

（1）钢纤维喷射混凝土可用普通喷射混凝土施工机具，但在管路突变处采用加长的锥形喂入器，取消 90°的弯头，输料管直径应大于 2 倍的钢纤维长度。

（2）喷射时应采取以下措施来减少钢纤维回弹，防止结团，用钢纤维加法采用新型钢纤维喂入器；用先加法时加入钢纤维要短而粗，且不要太快，掺量为 60kg/m³，控制其长径比，其次要用较小的集料（粒径小于 10mm）或预湿集料。

（五）物件支护

（1）使用分部开挖、导坑开挖。

（2）可使用型钢、木、钢木混合及混凝土预制构件等材料。

（3）构件形式及其接头应简单牢固，装拆方便，周转使用；应用纵撑连接牢固、构成整体，应设纵向斜撑，防止倾倒。木支护只能用于临时性支护。

五、洞身衬砌

（一）衬砌前的检查

衬砌前需对开挖断面、中心位置、超欠挖情况及盲沟、防水板安装、避车洞立模质量等检查复核，及时改正不实之处，经检查合格方能衬砌。

（二）施工中的操作

施工中，根据不同的施工方法，可使用衬砌模板台车或移动式整体模架，并配备混凝土泵输送器浇筑衬砌。

1. 中小隧道可用普通钢模或木模板，围岩压力较大时，拱架、墙架应增设支撑或缩小间距，拱架脚应铺木板或方木

架设拱、墙架及模板应在使用前在墙台上试拼，架设前应按隧道中线标高和预留沉降量对开挖断面进行复核、整修其尺寸、标高形状；安装时，应位置准确，连接牢固，严防走动，并使模板接头整体平顺，拱架外缘沿径向用支撑将围岩顶紧，以防浇筑中变形，挡头板按衬砌断面制作，挡头板亦应与壁间隙嵌堵紧密。

2. 模筑衬砌

（1）混凝土配合比应满足设计要求，混凝土拌合后应尽快浇筑，浇筑时应从角落起，并使其捣固。

（2）浇筑拱圈时应将拱脚支撑面凿平，并从两侧拱脚向拱顶对称进行，间歇及封顶的层面应做成辐射状；进行分段时宜选在围岩较好处。

（3）浇筑边墙前，须将基底石渣、污物和基坑内的积水排除干净，墙基松动的应作加固处理；采用先拱后墙法施工时边墙混凝土应尽早浇筑；采用片石混凝土时，片石应距模板 5cm 以上，其间距大于粗骨料的最大粒径，并应分层，捣固密实；边墙的扩大基础部分及仰拱拱座应和边墙同时完工。

（4）仰拱浇筑前应清除积水、杂物、虚渣，应结合模筑模板尽快浇筑，使结构尽快封闭受力。

3. 二次衬砌

1）二次衬砌的时间应选在围岩与锚杆支护基本稳定后。

2）浇筑时由下向上依次进行，浇筑速度对衬砌台车为 $8\sim12m/h$；混凝土振捣时间为 30s，振动棒应离开模板 5cm。

有仰拱时宜先灌仰拱；二次衬砌与初期支护之间的空隙需回填密实。

3）混凝土浇筑完毕、终凝后可养护，硅酸盐水泥不少于 7d；其他抗渗及掺外加剂的不少于 14d。

4）如围岩是稳定的，混凝土达到 2.5MPa 后即可拆模；围岩不稳定的，混凝土应达 10MPa 方可拆模。

5）防止二次衬砌混凝土开裂的措施：

（1）宜采用较大的骨灰比，降低水灰比，合理选用外加剂。

（2）合理确定分段灌注长度及浇筑速度。

（3）加强养护。

（4）应做防水隔层。

（5）在内外温差不大于 20℃的情况下可拆模。

六、防水和排水

采取以排为主，截、堵、防、排相结合的综合措施。具体有：

（1）洞口应按设计要求及时做好排水系统，洞顶设截水沟，对地面洞穴封堵保证水畅通，洞内采用顺坡排水，水沟断面应满足排除隧道中渗漏水和施工废水的要求，并经常清理排水设施，保证水路畅通。

（2）洞内反坡排水只能采用机械抽水方式，采用分段接力——即每个下坡点开挖积水坑，当水流到坑内时用水泵抽到下一段水沟内。

（3）洞内有大面积渗漏水时，可用钻孔将其汇流引入排水沟。

（4）洞内有涌水或地下水位高时可用井点及深井降水法处理，有平行导坑或横洞时，可使正洞水流向它们引出洞外。

（5）在衬砌背后及隧底设纵横向排水设施，并在衬砌背后进行压浆；同时，衬砌时浇筑抗渗混凝土；在环节缝、沉降缝处设橡胶或塑料止水带。

（6）明洞段采用外贴防水层防水，顶面回填黏土隔水层。

第三节　施　工　管　理

一、基本概念

（一）管理的概念

管理是人民为实现一定的目标而对管理对象的计划、组织和控制活动。

计划是预测被管对象在未来的发展，确定它在一定时期内应达到的目标和为达到该目标应采取的方法。组织是安排被管对象的各个环节和因素的相互关系。控制是协调和监督被管对象为达到预定目标的活动过程。

（二）施工管理的概念

施工管理是指隧道施工企业在隧道施工全过程上的管理活动。施工管理是项目法施工，即施工以隧道工程项目为对象，组织施工机构，实行项目经理负责制，以企业内部承包合同为纽带，对工程项目进行高效率的计划、组织、协调和控制，项目完成后其组织机构随之撤销的施工管理方式。

（三）施工管理职能

1. 计划职能

在实施施工管理的全过程中，应将全部目标和全部经营活动统统纳入计划的轨道，把各个时期、各个阶段的工作作出详细的计划安排。确定实现计划的措施、方法，并将计划指标层层落实到各部门、各个环节，用一个动态的计划来协调控制整个项目，使项目协调、有序地达到预期目标。

2. 组织职能。

通过职权划分、授权、合理签订与执行和运用多种规章制度等方式，建立一个合作、高效的组织体系，使各个环节、各个生产要素形成一个有机整体，确保工程项目目标的实现。

3. 协调职能

隧道施工需要不同阶段、不同部门、不同层次进行协调与沟通，使他们建立良好的配合关系，清除工作中的脱节现象和存在的矛盾，以有效地实现工程项目目标。

4. 控制职能

是指按预定计划和目标进行检查，观察实际完成情况同原计划标准的差异，采取对策，及时纠正偏差，保证计划完成。

二、施工技术管理

（一）定义

是对施工技术进行一系列的组织、指挥、调节和控制等活动的总称。

（二）任务

正确贯彻党和国家的各项方针政策，科学地组织各项技术工作，建立正常的施工技术秩序，充分发挥技术力量和装备的作用，不断革新原有技术和采用新技术；提高机械化施工水平，保证工程质量，提高劳动生产率，降低工程成本，按质、按量、按期完成施工任务。

（三）内容

编制实施性施工组织设计，制定隧道施工工艺管理、质量管理、施工技术措施和操作要求、技术文件管理（图纸会审、技术交底）、设计变更、质量检查、多种试验和测量、技术革新和施工技术的总结。

（四）制度

为完成技术管理的内容，关键是要有健全的技术管理制度及认真执行。这些制度有：施工图纸会审，技术交底制、隧道施工技术责任制、测量复核制、试验制、质量检查制、现场监控制、施工资料积累管理制及技术档案制。

（五）基础工作

做好技术管理工作的基础工作有以下方面。

1. 制定和贯彻技术标准和技术规程

隧道施工技术标准，是对隧道工程施工的指导和控制，对施工质量及其验收标准作出规定的法令性文件，《公路隧道施工技术细则》JTG/T F60—2009 是公路隧道施工必须执行的标准。发包工程的招标文件,有适应于本工程的技术规范,要求承包人必须按规范规定执行。此处还有规定发包人、承包人技术经济责任,以及工程的计量支付办法。

为确保安全施工,所有施工都必须认真执行《建筑安装工程安全操作规程》。隧道工程施工还应根据其特点,制定某些专用的安全规程。

2. 制定各种技术管理制度

对技术工作进行管理,必须先制定各种切合实际的管理制度。

3. 建立施工技术责任制

建立和健全隧道施工技术责任制是保证技术管理工作正常开展的关键。在隧道工程技术责任制中,应明确规定各级工程技术人员和施工人员对各项工作所负的职责,应明确分工,层层负责,层层检查和和监督到位。技术责任制是对各级技术人员规定明确的职责范围,使其各负其责、各司其职,把施工技术做好。

4. 图纸学习与会审

技术人员在接到图纸后应熟悉、学习并参加图纸会审,充分了解和掌握隧道施工内容和要求,确保安全生产和工程质量。

图纸会审的主要内容是:图纸的尺寸,位置、轴线、标高等有无错误与矛盾,施工技术和工艺流程及设备条件能否满足设计规定要求,能否保证隧道施工安全。

5. 施工技术交底

施工技术交底有两层意思。一是设计单位向施工单位交底。其内容为:设计意图、地质情况、结构特点、专项施工方案、质量标准。二是施工单位内部逐级交底、交方法、交条件、交重点、交进度、交措施、交安全。分级交底应做好记录。

6. 技术资料的积累和管理工作

技术资料是学习和提高技术的重要性来源,同时也能帮助技术人员了解和掌握技术发展动态。技术资料管理的内容有搜集、整理、保管、检索、报道、交底等方面。

7. 隧道施工现场的多种试验制度

隧道施工的材料须具有"三证"——出厂证、产品质检合格证、进市许可证。钢筋应按批量进行抗拉、抗剪、抗扭试验。水泥、石灰等按规定检验,并有试验报告。

隧道施工测量责任制很重要,应坚持每个工班交接后进行测量,随时校正隧道中线、高程。保证隧道贯通中线,高程误差在允许范围内。

三、施工进度管理

(一)隧道施工计划管理

隧道施工计划管理是施工管理工作的中心环节,为获得最好的经济效益和社会效益,一切其他的管理工作都要围绕计划管理来开展。

1. 定义

隧道施工计划管理是根据合同要求,使施工全过程做到综合平衡、衔接配套,以保证施工目标的全面实现。

2. 程序

包括隧道施工计划的编制、实施、检查、调整四个不断循环的环节。

3. 计划

1)编制依据

隧道工程承包合同的工程项目、工程量、工期要求，并以施工图、预算、合同价格为依据，结合施工单位的劳动、技术水平、材料设备、设施等施工条件来编制。

2）编制原则

根据地质情况，坚持按施工方案进行合理的施工组织，保证重点、照顾一般、保质保期，采取积极可靠、留有余地、综合平衡的措施全面安排计划。

3）内容

总工程量、劳力总日工、施工总进度和年度安排，隧道总造价和年度工程费、主要材料，机械和车辆申请计划等。

4）种类

年、季、月度隧道施工计划。

5）方法

①先计算工程量，套用预算定额计算出劳力、材料、机械量；②确定施工组织顺序、方法、作业组织；③编制进度计划；④编制财务、劳力、材料、机械计划。

6）执行、检查和调整

（1）要求均衡地完成计划，避免出现时松时紧、窝土等现象。

（2）加强思想政治工作，充分调动职工积极性，实行功效挂钩。

（3）加强生产调度、技术组织措施、经济核算，加强计划、质量、安全检查。

（4）根据任务要求，监督施工计划执行，及时发现执行中发生的问题，进行调整，使计划顺利进行下去。

（5）生产调度以短期作业为中心。

7）隧道施工的统计工作

（1）隧道施工的统计工作报表是反映计划完成情况的系统资料。各级领导和业务部门可通过它了解和检查计划的执行情况，从中发现问题，总结经验，给予决策和指导。

（2）统计报表要求数字准确、及时报送、采用电脑化。

4. 控制

1）定义

在既定的工作期内，编制出最优的施工进度计划，在执行计划的过程中，经常检查施工的实际进度情况，并将其与计划进度相比较，若出现偏差，便分析产生的原因和对工期的影响程度，找出必要的调整措施，修改原计划，不断循环直到工程竣工验收。

2）内容。

（1）把总进度计划规定的各部分工程的施工顺序及施工速度图表化。

（2）定期收集施工成果和数据，预测施工进度的发展变化趋势，按规定的工序日程严格执行控制。

（3）对各工序的增减及时分析研究，采取相应的措施与对策。

3）方法

制订计划只是计划工作的第一步，接着就是贯彻执行计划，这是计划工作最重要、最复杂、最艰巨的一步。只有做好这一步工作，才能使计划付诸实现。进度控制方法是规划、控制和协调。

规划就是按施工总进度计划编出工程进度表或网络图，使之一目了然。控制是在进度的全过程中，以控制循环的理论为指导，进行进度计划与实际进度的比较，发现偏离，及时采取纠偏措施。采用的措施有组织措施、技术措施、合同措施、经济措施和信息措施等。组织措施是指落实各层次进度控制人员的具体任务与工作责任；建立进度控制的组织系统，按照工程项目的结构、进度阶段或合同结构等进行项目分解，确定其进度目标，建立控制体系，确定进度控制工作制度，如检查时间、方法、协调会议时间、参加人等，对影响进度的因素进行分析和预测。技术措施是指采取加快施工时间的技术方法。合同措施是指将与分包单位签订施工合同的合同工期与有关进度计划目标相协调。经济措施是指实现进度计划的资金保证措施。信息措施是指不断收集施工进度的相关资料进行整理统计并与计划进度相比较，定期地向业主及监理工程师提供比较报告。协调是调整各施工单位之间的进度关系。发现进度拖延了，是工种之间衔接或干扰引起的，则应协调工种之间的关系。如关键工序拖延了，应抽调富裕时间（时差）的作业上的劳动力来加强关键工作的施工，以追回或保证关键工作的作业按进度完工，从而保证整个项目的总工期如期完成。

4）隧道施工进度的表现形式

一般用进度图，即隧道施工进度图。其有以下表现形式。

（1）横道图

其由两大部分组成。左面部分是以分项工程为主要内容的表格，包括相应的工程量、定额和劳动量依据，右面部分是指示图表，它由左面表格中的有关数据经计算得出。指示图表用横向线条形象地表示各分部分项工程的施工进度，横线长度表示隧道各施工阶段的工期和总工期，并综合反映各分部分项工程相互间的关系。

（2）垂直图

其以横坐标表示隧道长度和以百米桩表示公路里程；以纵坐标表示施工年月（日）。用各种不同的线形代表各项不同的工序。每一斜线都反映某一工序的计划进度情况：开工计划日期和完工计划日期，某一具体日期进行到哪一里程位置上，以及计划的施工速度。各斜线的水平方向间隔（m），其竖直方向间隔表示各工序的拉开时间（d），各工序均衡推进表示在进度图上为各斜线相互平行。垂直图可用于速度工程进度分析和控制，工程分析情况和施工日期一目了然。

（3）网络图

从网络图上可看出，在每一循环中，各项工作主次清晰，可一目了然地找出从交接准备到放炮与通风除尘的关键线路，便于保证关键线路的人力和物力供应。同时，对次要线路上的工作也能掌握，不会因未完成而影响关键线路上的工作进程。整个循环作业过程有条不紊，应完成各作业项目的工期准备，以保证整个循环作业顺利进行。

四、安全与环境管理

安全生产是施工项目重要的控制目标之一，也是衡量施工项目管理水平的重要标志。隧道工程施工安全管理，就是在隧道施工过程中，组织安全生产的全部管理活动。

（一）隧道安全管理总要求

贯彻"安全第一"和"预防为主"方针，强调"领导是关键，教育是前提，设施是基础，管理是保证"。

（二）隧道工程安全保证措施

1. 建立以项目经理负责的安全管理网络体系

体现"安全生产，人人有责"的原则，消除一切事故隐患，领导亲临施工现场布置、检查、督促、落实安全生产，施工人员各负其责，做好安全工作。

2. 建立隧道施工的各项安全管理制度

其有安全生产责任制度、安全生产教育制度、施工安全措施计划、安全生产检查制度和相应的奖惩条例、因工伤亡事故的调查和处理制度。

3. 认真贯彻执行隧道施工安全规范

见《公路隧道施工技术细则》JTG/T F60—2009。

4. 认真执行施工技术安全管理

5. 加强安全教育，制定相应的安全措施

技术安全措施、机械设备安全措施、现场安全措施、洞内作业安全措施（照明、爆破器材安全）、特殊工人技术培训、交接班制度、领导深入现场、安全与经济挂钩、围岩量测监控。

（三）隧道施工环境保护方案与措施

（1）贯彻"预防为主，防治结合，综合防治"的原则和环境保护法规。

（2）把植被保护、水土保持，防止水源污染、烟尘污染作为环境保护的重点。

（3）钻孔排出的废泥浆要经过过滤，沉淀后再生利用，并将沉渣及隧道开挖石渣运到业主指定的弃渣场堆放，生活排出的污水集中在水池内进行沉淀和化学处理达标后排出，做好防流失的措施和禁止任意乱堆放及向河、沟、渠内排出超标废水等。

（4）做好环境保护，教育职工提高环保意识，坚持科学管理、文明施工，做到隧道施工现场整洁有序、工完场清，并保护好当地的水源及建筑物，重视环境保护和环境美化建设。

五、施工质量管理

质量是隧道建设永恒的主题。质量重于泰山，百年大计、质量第一，质量是企业的生命，质量直接反映企业的施工和管理水平，为了创立好信誉和增强竞争力，应在企业内部建立质量管理和全面质量管理体系，使隧道施工质量管理工作体系化、模式化、规范化、程序化等。

（一）隧道施工的全面质量管理

把对隧道工程的施工质量管理归结到对企业所在部门及全体人员，在生产过程中进行工作质量的管理，通过管理好工作质量来保证工程质量。

1. 特点

具有广泛群众性、全面性、预防性、可控制性、服务性、科学性、工作质量与工程质量责任明确性。

2. 基本方法——PDCA制度

PDCA制度即是计划、实施、检查、处理四个阶段的工程质量检查制度。它是对一项工程的质量管理，先制订计划，后加以实施，并在实施过程中随时检查计划的执行情况和存在的问题，再对问题进行研究处理，形成一个质量管理循环。

1）主次因素排列法

对质量不合格的情况进行统计分析，找出质量问题的主要原因。它的作用是可以找出"关键性因素"对工程质量管理的影响程度。例如：对某隧道一段衬砌施工质量进行调查，得出如下记录表（表7-1）。

某隧道一段衬砌施工质量的调查记录表

表 7-1

不良原因	不良处数	不良率	不良原因	不良处数	不良率
模板表面不平	198	47.7%	拱架未支牢	18	4.3%
配合比不当	25	6%	接头不良	72	17.3%
捣鼓不充分	103	24.7%	—	—	—

根据表7-1中的数据作出诸因素的排列图（图7-2）

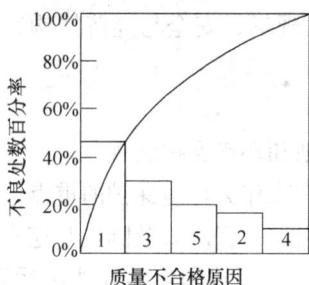

图 7-2　主次因素排列图

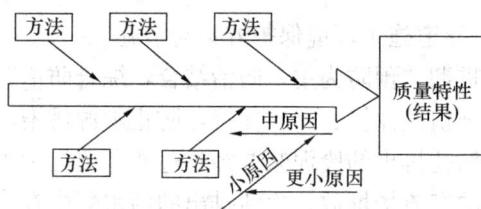

图 7-3　因果关系分析图

2）因果关系分析图

分析工程质量问题的因果关系，寻找产生质量问题的原因，以便对症下药，采取良方，予以解决（图7-3）。

3）直方图法

其可用来判断和预测生产过程中的质量情况，进行质量管理（图7-4）。

4）控制图法（又称管理图或监控图法）

一般是在施工生产正常的情况下先取样品，经计算求得控制上下界限的数值后，画出管理控制图。后在生产过程中定期取样品，将得出的数据描在控制图上。如果数据落在控

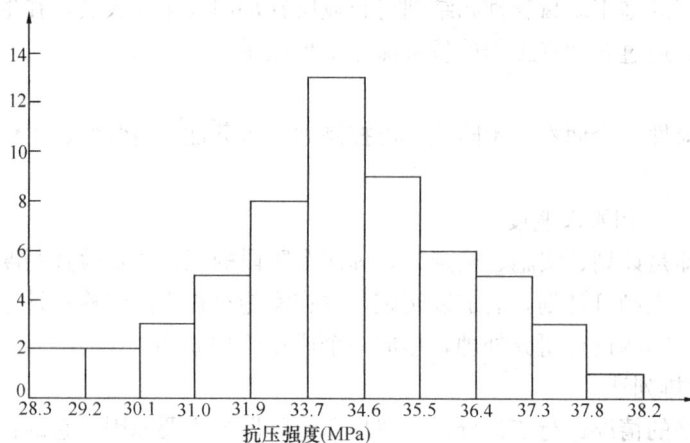

图 7-4　直方图

制界限内,则表明施工生产过程正常,如果数据超出控制界限则表明施工生产过程不正常,应及时采取措施使生产恢复正常。

3. 技术基础

1) 执行交通行业标准和技术规范

2) 建立和健全并实行岗位责任制、技术负责制

3) 全面质量管理体系

见图 7-5。

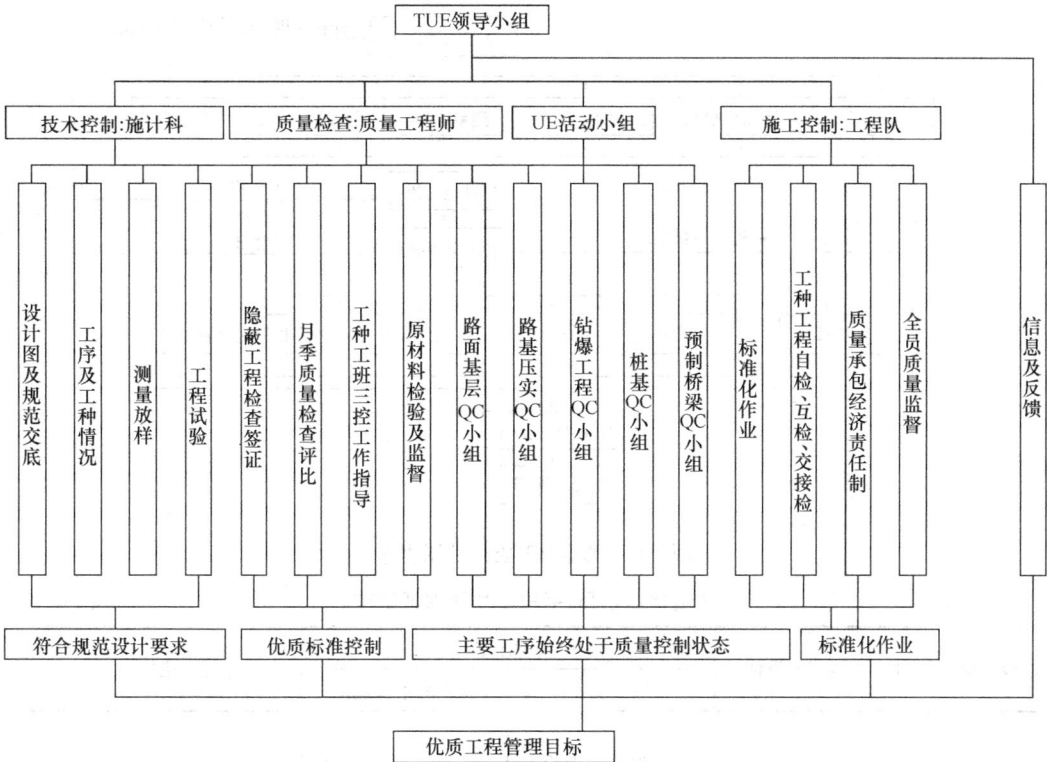

图 7-5 全面质量管理体系

4) 现场施工质量控制程序

见图 7-6。

5) 主要检测项目、试验手段及质量保证措施

见表 7-2。

6) 检验总程序

见图 7-7。

7) 质量检验组织体系

见图 7-8。

8) 质量检验保证体系

见图 7-9。

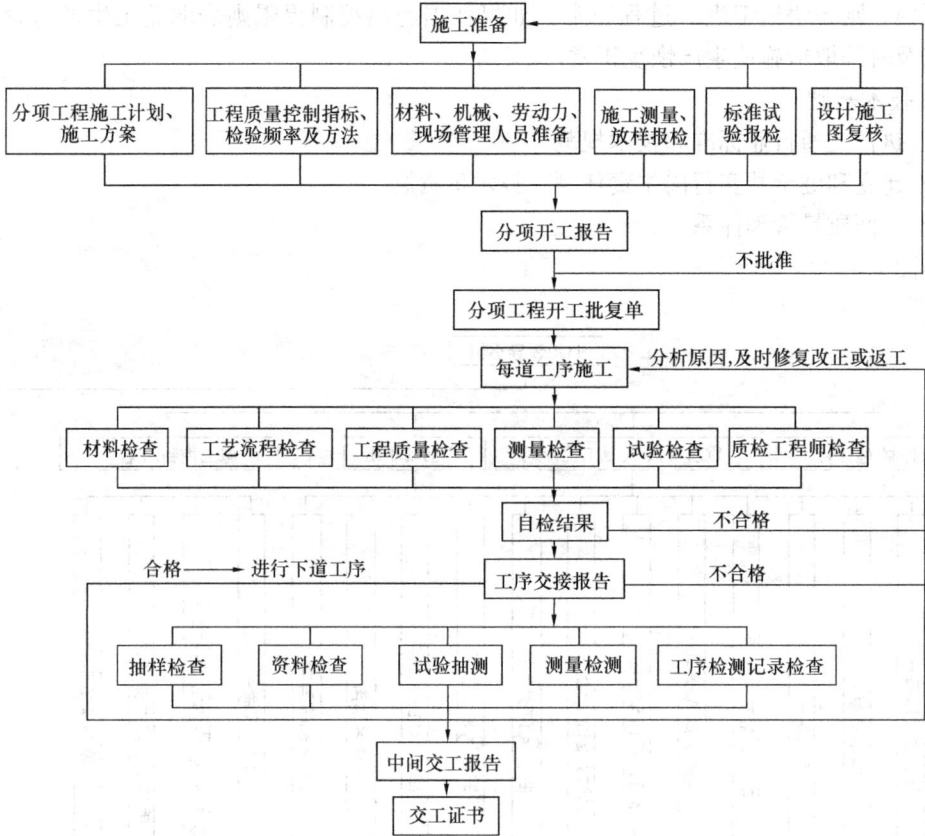

图 7-6　现场施工质量控制程序

主要检测项目、手段及质量保证措施　　　　　　　　　　　　表 7-2

检测项目	主要仪器设备	采用标准		质量保证措施	备注
		试验规程	技术标准及规范		
水泥检查（全项）	电动抗折机、净浆搅拌机、胶砂搅拌机、胶砂振动台、稠度及凝结时间测定仪、沸煮箱、电动跳桌、负压筛、水泥标准筛等	《水泥细度检验方法筛析法》GB/T 1345—2005；《水泥标准稠度用水量、凝结时间、安定性检验方法》GB/T 1346—2001；《水泥胶砂强度检验方法》GB/T 17671—1999；《水泥强度快速检验方法》JC/T 738—2004；《水泥胶砂流动度测定方法》GB/T 2419—2005 等	《通用硅酸盐水泥》GB 175—2007	水泥进场时必须有出厂试验报告单，并按水泥牌号、强度等级、品种、出厂日期分开堆码，凡对水泥质量有疑问，或监理工程师提出要求，或水泥存放期超过三个月的，均应对水泥进行复查检验	

续表

检测项目	主要仪器设备	采用标准		质量保证措施	备注
		试验规程	技术标准及规范		
砂检验： 筛分析、表观密度、堆积密度和紧密密度、含水量、吸水率、含泥量、泥块含量	振筛机、干燥箱、托盘天平、案秤、台秤、容量筒等	《普通混凝土用砂、石质量及检验方法标准》JGJ 52—2006	《公路桥涵施工技术规范》JTG/T F50—2011； 《铁路混凝土与砌体工程施工规范》TB 10210—2001； 《普通混凝土用砂、石质量及检验方法标准》JGJ 52—2006	使用前，对砂、石子来源进行调查，选定能保证供应质量的供货单位，并按规定要求对其质量进行抽样检验，凡不符合要求者，杜绝进入施工现场	
石子检验： 筛分析、表观密度、堆积密度和紧密密度、含水量、吸水率、含泥量、泥块含量、针片状颗粒含量、抗压强度、压碎指标	振筛机、干燥箱、托盘天平、案秤、台秤、容量筒、针片状标准仪、压碎指标测定仪	《普通混凝土用砂、石质量及检验方法标准》JGJ 52—2006			
混凝土拌合物试验及配合比设计： 容量、坍落度、维勃稠度、含气量、凝结时间	混凝土搅拌机、混凝土振动台、混凝土贯入度阻力仪、混凝土维勃稠度仪、托盘天平、案秤、台秤、混凝土坍落筒、含气量测定仪、容量桶、量筒等	《普通混凝土拌合物性能试验方法标准》GB/T 50080—2002； 《普通混凝土配合比设计技术规程》JGJ 55—2011； 《粉煤灰混凝土应用技术规范》GBJ 46—1990	《公路桥涵施工技术规范》JTG/T F50—2011； 《混凝土结构工程施工质量验收规范》GB 50204—2002； 《铁路混凝土与砌体工程施工规范》TB 10210—2001； 《混凝土强度检验评定标准》GB/T 50107—2010	根据技术规范及设计要求，严格按试验规程进行操作，做到数据准确、可靠。优先选出符合结构物要求的配合比	
混凝土浇筑质量控制	混凝土坍落筒、托盘天平、促凝压蒸试验设备	《普通混凝土拌合物性能试验方法》GB/T 50080—2002	《混凝土强度检验评定标准》GB/T 50107—2010； 《公路工程质量检验评定标准第一分册土建工程》JTG F80/1—2004； 《公路隧道施工技术细则》JTG/T F60—2009	严格控制计算仪器的计算精度，使砂、石、水泥、水、外加剂等计量误差符合规定要求；严格按照规定要求检测混凝土的坍落度，使混凝土坍落度控制在规定要求范围内，并采用1h混凝土强度推定28d强度新技术控制混凝土的生产质量，且用微机分析，使混凝土质量处于受控状态；按规定要求取样制作试件、养护及试验等	

检测项目	主要仪器设备	采用标准		质量保证措施	备注
		试验规程	技术标准及规范		
混凝土力学性能、抗渗性能试验	1000kN万能材料试验机、混凝土抗渗仪、促凝压蒸试验设备、回弹仪、干燥箱等	《普通混凝土力学性能试验方法标准》GB/T 50081—2002;《普通混凝土长期性能和耐久性能试验方法标准》GB/T 50082—2009	《公路桥涵施工技术规范》JTG/T F50—2011;《混凝土结构工程施工质量验收规范》GB 50204—2002;《铁路混凝土与砌体工程施工规范》TB 10210—2001	严格按试验规程进行操作,做到准确、可靠	
金属材料试验:拉力试验、弯曲试验、焊接接头试验	万能材料试验机、弯曲机、游标卡尺、直钢尺等	《金属材料室温拉伸试验方法》GB/T 228—2002;《金属材料 弯曲试验方法》GB/T 232—1999;《焊接接头机械性能试验取样方法》GB 2649—1989	《混凝土结构工程施工质量验收规范》GB 50204—2002;《钢筋焊接及验收规程》JGJ 18—2003;《钢筋混凝土用钢 第2部分:热轧带肋钢筋》GB 1499.2—2007;《钢筋混凝土用钢 第1部分:热轧光圆钢筋》GB 1499.1—2008;《铁路混凝土与砌体工程施工规范》TB 10210—2001	严格按规定要求取样试验,做到数据准确、可靠	进口钢筋还得要求进行化学分析,根据可焊性决定焊接种类
土壤物理性能试验:含水量、密度、相对密度、颗粒分析、界限含水量、击实	核子湿度密度仪、K30承载板、环刀、托盘天平、机械天平、量筒等	《土工试验方法标准》GB/T 50123—1999;《铁路工程土工试验规程》TB 10102—2004	《客货共线铁路路基工程施工技术指南》TZ 202—2008;《城镇道路工程施工与质量验收规范》GJJ 1—2008;《铁路路基设计规范》TB 10001—2005;《公路工程质量检验评定标准 第一册 土建工程》JTG F80/1—2004	按要求选定填料,在回填施工中,严格控制含水量、铺土厚度、强度、遍数;按规定要求进行填料压实抽查检验	
地基容许承载力试验:规范确定法、轻型动力触探试验、K30承载试验	K30承载板、轻便触探仪等	《土工试验方法标准》GB/T 50123—1999;《铁路工程土工试验规程》TB 10102—2004	《铁路桥涵设计基本规范》TB 10002.1—2005;《建筑地基基础设计规范》GB 50007—2002;《铁路工程地质原位测试规程》TB 10018—2003;《公路桥涵地基与基础设计规范》JTG D63—2007	当基坑达到设计标高时,按要求对基底进行承载力试验,以确定基底容许承载力满足设计规定要求,以便为下道工序的施工提供可靠依据	

检测项目	主要仪器设备	采用标准		质量保证措施	备注
		试验规程	技术标准及规范		
泥浆指标测定： 比重、黏度、含水量、胶体率、pH值	泥浆黏度计、泥浆密度计、移液管、量筒、pH试纸等	《铁路桥梁钻(挖)孔灌注桩基础设计施工及试验规则》	《铁路桥梁钻(挖)孔灌注桩基础设计施工及试验规则》	严格按要求进行检测，做到数据准确、可靠	
水质化学分析：pH值，硫酸盐、钙镁离子浓度，游离二氧化碳，侵蚀性二氧化碳，溶解性固体物等	烘箱、机械天平(TG328A)、天平、高温炉、滴定管等	《水质　总铬的测定》GB 7466—1987；《水质　阴离子表面活性剂的测定　亚甲蓝分光光度法》GB/T 7494—1987；《铁路工程水质分析规程》TB 10104—2003	《铁路混凝土与砌体工程施工规范》TB 10210—2001；《混凝土结构工程施工质量验收规范》GB 50204—2002；《混凝土用水标准》JGJ 63—2006	复查地下水是否对混凝土结构有侵蚀影响，以便采取防侵蚀的措施	

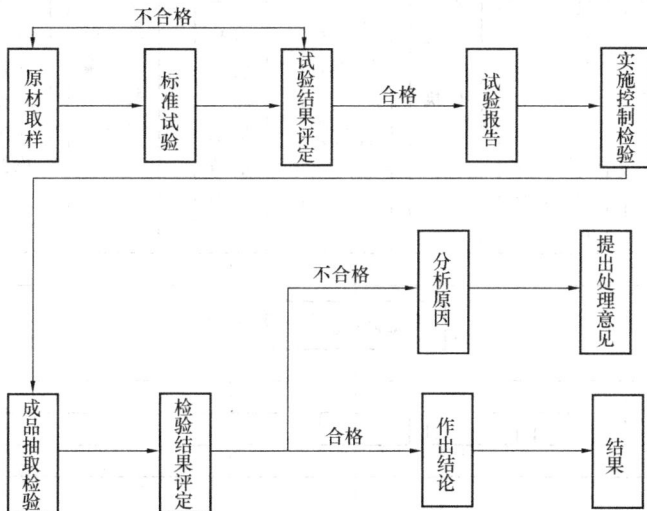

图 7-7　检验总程序

4. 确保隧道工程质量和工期保证措施

（1）建立健全质量管理保证措施。

（2）提高全员质量意识，建立奖惩制度。

（3）进行招标投标，建立中心实验室加强监控。

（4）狠抓质量自检、互检，专业检查，实行监理。

（5）科学组织，精心施工，文明施工，运用统筹法、网络法编制计划，采用先进机械化施工，加强施工管理。

（6）施工中严格执行新奥法原理，光面爆破设计合理，坑道开挖后喷锚支护紧跟，围岩量测及时。

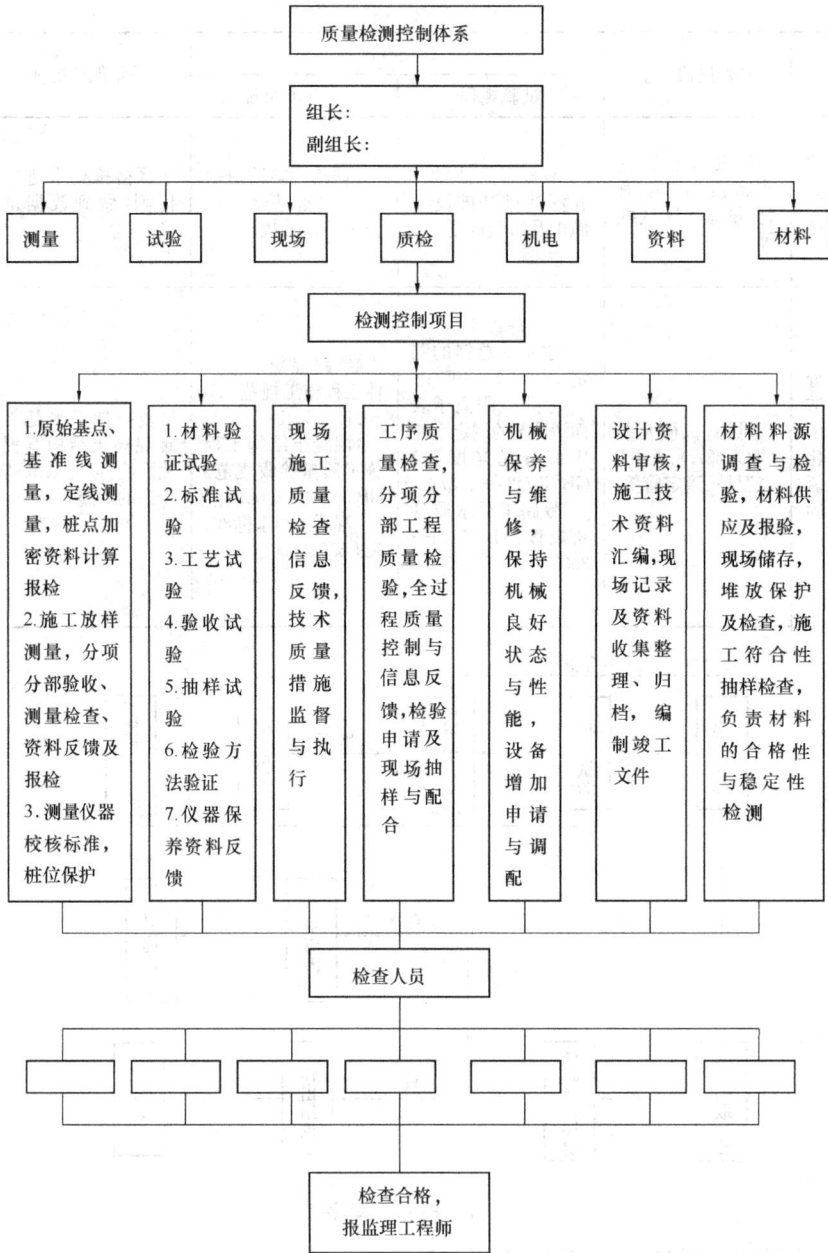

图 7-8 质量检验组织体系

六、经济管理

（一）隧道建设标准定额管理

（1）标准定额是指在规定的时间内完成工程质量合格的单位工程数量所消耗的劳力、材料和机械台班标准。隧道工程标准定额是政策性、技术性、经济性很强的技术经济立法定额。

（2）隧道施工定额是施工单位用于隧道施工管理的标准定额。用来编制隧道施工计划和作业计划、签发隧道分项工程施工任务单、结算计件工资和实行限额领料及施工机械台班数量计算的管理制度。

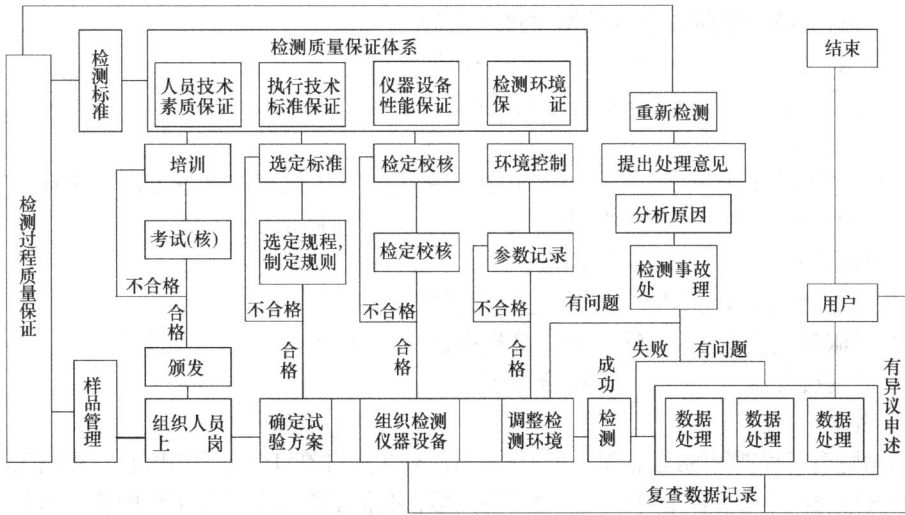

图 7-9 质量检验保证体系

（二）隧道工程成本管理

（1）隧道工程投资构成：可行性研究、工程项目评估、设计任务书、隧道工程初步设计、施工图设计、设备安装、竣工验收等各个环节按国家有关规定的一切费用。

（2）隧道工程造价的构成：从筹建到竣工验收所需的全部工程建设费用。

（3）成本：①预算成本：按预算定额和规定的取费标准计算的成本，是衡量实际成本节约与超支的尺度。②实际成本：按施工过程中的实际生产费用所计算的成本。反映施工企业一定时期内实际达到所承包隧道工程的成本管理水平。③施工计划成本：根据预算定额及考虑降低成本和施工技术组织措施之后确定的成本费。是成本管理上努力的目标。

七、施工中的安全措施

（1）隧道工程中施工应设双回路电源，并有可靠的切断装置。照明线路电压在施工区域内不得大于 36V，成洞和施工区以外地段可用 220V。

（2）隧道工程中出现下列情况之一时应立即停工，采取措施进行处理：

①周边及开挖面坍方、滑坡和破裂。

②量测数据有不断增大趋势。

③支护结构变形过大或出现明显的受力裂缝且不断发展。

④时态曲线长时间没有变缓的趋势。

第四节 示例与习题

一、示例

（一）单项选择题

1. 隧道为软质岩层或破碎岩层时，施工组织设计时可选用（D）。

（A）定向爆破　　　（B）光面爆破　　　（C）洞石爆破　　　（D）预裂爆破

2. 新奥法隧道施工时，对Ⅱ类围岩施工的一般工艺流程，表示正确的有（D）。

（A）钻爆掘进→出渣→超前支护→初期支护

(B) 初期支护→超前支护→钻爆掘进→出渣

(C) 超前支护→初期支护→钻爆掘进→出渣

(D) 超前支护→钻爆掘进→出渣→初期支护

（二）多项选择题

1. 编制隧道施工组织设计时，对矿山法或新奥法施工组织的开挖方法可选择（CD）。

(A) 斜井法　　　　(B) 竖井法　　　　(C) 全断面法

(D) 台阶法　　　　(E) 喷锚法

2. 在山岭隧道施工组织设计时可选用的掘进方式有（ABC）。

(A) 钻眼爆破掘进　　(B) 人工开挖掘进　　(C) 单臂掘进机掘进

(D) 盾构机掘进　　(E) 组合掘进

（三）案例

某城市隧道工程项目的经理部以该建设项目部群体为对象对全工地的所有工程施工活动提出了时间安排表，确定了各个对象及主要工种工程、准备工作和全场性工程的施工期限，开工和竣工日期，确定了人力资源、材料、成品、半成品、施工机械的需要量和调配方案。

问题：（1）编制施工总进度的基本要求是什么？

（2）当施工项目的计划总工期跨越一个年度以上时，应怎样编制年度施工计划？

（3）项目部对工程项目的进度控制应该遵循哪些程序？

答案：（1）基本要求是：保证拟建工程在规定的期限内完成，迅速发挥投资效益；保证施工的连续性和均衡性；节约施工费用。

（2）当计划总工期跨越一个年度以上时，需根据施工总计划的施工顺序，划分出不同年度的施工内容，编制年度施工进度计划。

（3）项目部对工程项目的进度控制程序为：

①依据施工合同确定的总工期作为施工进度目标，明确开工日期和竣工日期。

②根据工艺组织关系和劳动力、材料、施工机械计划编制施工进度计划。

③提交开工申请报告，按监理工程师下达的开工令中指定的日期准时开工。

④施工中出现进度偏差时，应及时调整。

⑤工程项目完工后作进度控制总结，并编写进度控制报告。

二、习题

（一）单项选择题

隧道为Ⅴ类围岩，施工组织设计时可选用（　　）。

(A) 松动爆破　　(B) 光面爆破　　(C) 洞室爆破　　(D) 预留爆破

（二）多项选择题

在编制隧道施工组织设计时可考虑的钻爆作业方法有（　　）。

(A) 定向爆破　　(B) 光面爆破　　(C) 洞室爆破

(D) 预裂爆破　　(E) 振动爆破

三、习题答案

（一）单项选择题

B

（二）多项选择题

BD

第八章　质量控制与验收要点

第一节　隧道工程分部分项划分

一、明挖法隧道工程主要分部分项划分

见表 8-1。

明挖法隧道工程主要分部分项划分　　　　　　　　　　　　表 8-1

单位工程	子单位工程	分部工程	分 项 工 程
明挖隧道工程	隧道土建工程	基坑支护工程	①支护桩；②止水桩；③圈梁；④钢筋混凝土支撑；⑤钢支撑；⑥降水井（点）；⑦格构柱
		基础工程	①工程桩；②其他基础
		土方工程	①井点降水；②基坑开挖；③混凝土垫层
		主体结构	①底板；②中墙；③（中）侧墙；④顶板
		防水工程	①侧墙防水；②底板防水；③顶板防水
		隧道内铺装	①混凝土铺装；②沥青混凝土铺装
		附属设备用房	①钢筋混凝土结构；②侧墙防水；③顶板防水；④地面；⑤砌体
		装饰工程	①饰面板；②吸声板；③门窗（含设备箱门）；④花岗石安装；⑤防火内衬
		附属工程	①横截沟；②防撞侧石（含排水沟）；③伸缩缝；④风口挡墙
		给水排水及消防系统	①排水管道铺设；②雨水泵、污水泵安装；③消火栓、消防管道安装
	电力照明系统	电气动力安装	①动力配电箱及控制柜安装；②电线、电缆导管和线槽敷设；③电线、电缆穿管和线槽敷设；④电缆头制作、导线接线和线路绝缘测试；⑤低压电气动力设备试验和空载试运行；⑥电缆桥架安装和桥架内电缆敷设
		电气照明安装	①照明配电箱及控制柜安装；②电线、电缆导管和线槽敷设；③电线、电缆穿管和线槽敷设；④电缆头制作、导线接线和线路绝缘测试；⑤普通灯具安装；⑥建筑物照明通电试运行
	通风系统	送排风系统	①风机设备安装；②系统调试
	弱电智能化	中央计算机信息系统	①计算机网络系统；②信息平台及办公自动化应用软件；③网络安全系统
		隧道设备监控系统	①空调与通风系统；②变配电系统；③照明系统；④给水排水系统；⑤自动扶梯系统；⑥中央管理工作站与操作台站；⑦子系统通信接口

二、浅埋暗挖法（喷锚）隧道土建工程分部分项划分

见表 8-2。

浅埋暗挖法（喷锚）隧道土建工程分部分项划分　　　　表 8-2

单位工程	分部工程	分 项 工 程
喷锚暗挖隧道土建工程	洞口工程	洞口加固、洞口开挖、洞口模板、洞口钢筋、洞口混凝土
	洞身开挖	洞身开挖
	支护工程	管棚、超前小导管、锚杆、钢筋网片、钢架、喷射混凝土
	二次衬砌（模筑）	衬砌钢筋、衬砌模板、衬砌混凝土、底板混凝土、回填注浆
	防水和排水	洞身防（排）水、洞口排水沟、施工缝与变形缝、防水层、注浆防水、盲管（沟）
	竖井	与隧道的主要内容相同

注：装饰工程、附属工程、给水排水消防系统、电力照明系统、通风系统、弱电系统同明挖法隧道。

三、盾构法隧道土建工程主要分部分项划分

见表 8-3。

盾构法隧道土建工程主要分部分项划分　　　　表 8-3

单位工程	分部工程	分 项 工 程
盾构法隧道土建工程	竖井	基坑开挖（混凝土结构）、模板钢筋混凝土、支护、洞口土体加固
	管片制作	管片模具、管片钢筋、管片混凝土、管片成品
	防水工程	管片防水
	盾构掘进与管片拼装	盾构掘进、管片拼装、壁后注浆
	联络通道	同喷锚暗挖法隧道

注：装饰工程、附属工程、给水排水消防系统、电力照明系统、通风系统、弱电系统同明挖法隧道。

第二节　隧道施工质量控制

一、盾构法施工技术质量控制

（一）盾构机招标购置阶段

该阶段要选定（或确定）满足工程要求的盾构机，对盾构机的功能配备、设备使用性能、各项系统的技术规格、关键系统或项目的参数指标，以及盾构机对工程各项条件的适应性，给出准确和适宜的回答。该阶段的控制要点关键在盾构机的工程适应性和设备的使用性能。如果控制得好，基本可保证隧道掘进阶段的施工顺利进行；否则，将会增加许多困难。例如，某盾构工程因刀盘扭矩储备不足，盾构机在掘进过程中常常因过载自动跳闸停机，致使开挖与出渣失衡，地面沉降过大，严重影响了施工安全和质量。为了达到这一目标，要针对工程的实际条件，从以下几个方面进行管理和控制。

（1）工程地质条件：就北京地区而言，要对隧道穿越地层中三种典型地质的状态进行分析，特别是地层颗粒级配及石英含量。这些与盾构机的类型、刀盘形式、刀具形状、刀

具布置及耐磨特性等均有直接关系。

（2）工程水文条件：如隧道沿线地下水的存在形式和分布状态、地层渗透系数的大小等，对盾构施工开挖面的稳定、盾构施工是否伴随出渣过程而发生喷涌（加泥式土压平衡盾构）以及掘进速度，都会带来影响。

（3）隧道沿线地表（地下）或周边构、建筑物对沉降控制的要求：如盾构穿越既有地铁运管线、桥梁基础、地下管线、结构性较差的房屋及国铁线路等构、建筑物时，一般对沉降控制要求高，相应地也对盾构的可操作性以及壁后同步注浆系统有特别的要求。

（4）盾构机辅助性能或措施的适应性要求：如局部地段对刀具、添加改性剂等的特殊要求，以及对盾构机的综合性能，都会造成影响。

（5）施工环境及环境保护要求：就纯技术层面而言，在城市繁华地区采用盾构法施工，特别是大直径隧道（如超过 8m），从保持开挖面稳定、控制地表沉降看，泥水平衡盾构应优于土压平衡盾构；但从占用施工场地大小以及可能会对环境的影响考虑，泥水平衡盾构又处于劣势。因此，要因地制宜，综合权衡。

不容置疑，盾构机的性价比必然是一个重要的参考指标。在实际操作时，可以从施工队的技术水平及组织能力方面综合平衡，对盾构设备的某些技术性能指标进行取舍。

对于租赁及自有的情况，应按照上述条件对盾构机进行分析评估和改造，控制目标仍然是盾构机对该工程的适应程度和设备的使用性能。

（二）盾构机设计制造阶段

该阶段为盾构机的实体构成阶段，管理和控制的目标应依据所签订的购买合同，严格合同管理，切实做到设备供应商按合同规定的质量、交货期提供盾构机，结合国内购买盾构机的经验教训，宜从以下几个方面进行控制。

（1）合同培训：组织相关人员进行合同培训，掌握合同中商务条款和技术条款的内容，至少对关键条款的内容及内涵非常清楚，这样才有利于提高项目的执行力。

（2）设备供应商应按合同及早提供设备系统总图和盾构机加工计划：地铁隧道施工用盾构机是大型的专项设备，设计与制造周期较长，一旦出现遗漏，必然延长供货期，质量难以保证。因此，必须坚持过程控制，按设备系统总图，按分项目系统和计划逐一进行控制，同时，要制定双方签字确认的程序和制度，对设备制造过程中双方商定的内容、阶段性完成的项目进行签认，做到责任清晰、确定、落实、可追究。

（3）驻厂监造：每台盾构机的总造价在 4000 万～4500 万元人民币，必须坚持驻厂监造。驻厂监造人员应对制造采用的原材料、半成品及外购件是否遵守购买合同的约定要求给予确认，不满足者要立即书面明确提出更换要求，如电机、减速箱等是否是合同约定的厂家及其相应等级的产品。同时要对设备的制造工艺及相应的质量标准给予充分的关注，必要时可旁站或抽查。确认和抽查结果要经双方人员签认，并通报各自企业留存和备查。

（4）出厂验收：出厂验收是确保设备整体综合质量的一个非常重要的环节，设备供应商应事先在工厂内为满足验收要求创造好条件。应成立设备出厂验收领导小组，并事先制订验收计划，详细规定验收项目和内容。要对验收项目的内容进行验收方法设计，其方法要科学合理、能够达到验收目的；对无法进行负载验收的项目，要有经过双方同意的替代方案。盾构机部件的验收也是很重要的，主要是检查工厂的自检记录和相关资料，如传感器的检查和标定结果等。

（三）盾构管片生产、供应阶段

盾构管片（含管片模具）是盾构法隧道的主要结构构件，其质量优劣、数量是否满足工程施工需要，直接决定盾构法隧道的工程质量和施工进度，因此管片生产的管理和控制极为重要。但是，由于这部分涉及的内容较多，这里仅指出控制的主要项目（即模具质量，含数量）、管片的生产工艺、管片出厂与进场检验、管片的存放时间（宜控制在 6 个月内）与运输等。

（四）盾构机进场及设备组装调试阶段

（1）盾构机进场阶段：该阶段管理和控制的要点是检查是否编制了切实可行的运输方案，运输线路、时间是否经过实地考察，沿途需要加固或挑高的道路、桥梁及悬挂物是否都已实施，保证设备的安全运输以及减少对社会环境的影响是控制的目标。

（2）盾构机组装调试阶段：盾构机下井组装与盾构机进场是一个整体，特别是对于分块较大较重的部件，一般不采用二次吊运方案，盾构机分块部件进入现场后，应直接吊入工作竖井进行组装。通常在购买盾构机时，对盾构机的分块方式、分块重量和尺寸均有特别要求。在盾构机的设计、制造阶段就已考虑了盾构机的组装。因此，管理的内容是吊装方案的科学性、合理性及组织的有序性，控制重点是安全。盾构机组装调试结束后，便组织相关各方人员进行设备初步验收，验收结果要形成书面报告备查。调试阶段需要关注切削（刀盘）系统、推进系统、壁后同步注浆系统、管片拼装系统、出渣系统（若是螺旋输送或皮带输送、泥水平衡盾构则应考虑排、送泥系统）、盾尾密封系统、操作控制（如压力等）系统、测量系统等。

（3）在初始掘进前，工作竖井端头土体加固要按设计图组织实施，并编制土体加固专项施工方案。专项施工方案应对加固工艺、加固材料、质量控制标准、加固过程控制提出明确要求，对施工过程要严格把关，如实记录。工作竖井端头土体加固应在竖井开挖之前进行，防止土体加固时破坏工作竖井的结构。另外，目前国内对始发井端头沿隧道轴线方向的加工长度一般取 6m。

（五）盾构始发阶段

1. 盾构始发阶段质量控制

盾构端头井土体加固（始发）等相关质量控制。在盾构始发时，提高地基强度，防止沉陷，防止地下水突出及土砂等流入端头井内，需进行洞圈周围土体的加固和改良。常用方法有搅拌桩法、药液注入法、冻结法等。无论采取何种方法，加固和改良的效果是质量控制的关键。

（1）加固效果要通过在不同部位、不同深度钻心取样等手段进行验证，确保满足设计要求。

（2）降低地下水位。在始发期间，端头井周围的地下水位要降至洞圈以下 1.5～2m，要实施实时监测，并有备用降水井和降水设备。

（3）临时墙拆除。这是在盾构施工中应引起注意的一道作业，有很大的危险性。国内外有多种始发掘进的方法：①根据地基改良等情况保持始发井前面土体稳定的同时，拆除临时挡土墙进行掘进。②将始发部位做成双层墙结构，边拆除前面的墙边掘进。③用盾构机边直接切削临时边墙掘进。现在多采用第一种方法。拆除临时墙时应掌握门封的具体结构，制订针对性的措施。拆除临时墙的时间应在盾构机调试达到稳定推进条件后。临时墙与盾构机间应预留不小于 112m 的作业空间。拆除临时墙应钻梅花形探孔（不小于 5 点）观察，观察时间不小于 12h。考虑到综合因素，始发推进尽量选在白天上午。目前，正在开发一种盾构机刀盘直接切削的新材料来替代钢筋，可以不必拆除临时墙，无须释放土体应力，就可以使盾构机安全推进，值得关注。

（4）出洞止水密封装置安装。帘布橡胶板上的安装螺栓必须齐全、紧固，防翻卷装置加工牢固，帘布橡胶板紧贴洞门，防泥水流失。

（5）始发出洞应做如下工作：①洞门凿除后，盾构机应迅速靠上洞口土体。②观察洞口有无渗漏，如有应及时封堵（应急封堵材料及排水设备）。③盾构机土仓内不得有混凝土块、钢筋等，临时墙周边钢筋不得伸入盾构切削圆周内。④第一正环拼装时检查最后一负环管片的位置、真圆度等。⑤控制推进千斤顶的使用情况，防止盾构机磕头或上飘。⑥严格控制负环管片的真圆度。

2. 盾构始发设备

1）盾构机基座质量控制要点

①位置及尺寸。基座设置前，应对洞中的实际净尺寸、平面位置、直径及高程进行复核，确定基座的位置和高程。盾构姿态的调整，测量基点的布置。②基座的加固焊接质量，导向轨的夹角，基座的防移动加固。③考虑设计坡度和盾构机预沉降防范措施（可预先抬高基座在 20cm 以内）。④前端应有防盾构机磕头的装置。

2）反力架

反力架由临时管片（负环管片）、反力架、调节装置等部分组成。质量控制重点：①必须尽可能地保持负环管片的真圆度；②使用钢材等按设计调整 1 环与竖井坑口部位的位置关系；③负环顶部作为运输开口时，必须用钢材加固该开口；④反力架的支撑中，受力混凝土的强度，要达到设计推力的要求（初始推力约在 800t 以内）。

3. 盾构机及后配套设备质量控制

盾构机在隧道内有只能进不能退的特点，因此盾构机的质量是隧道能否顺利施工的关键，现场应有厂方经验丰富的组装和调试工程师。现场应加强对隐蔽组装部位以及盾构机出洞后不便观察检查等部位的检查验收，如刀盘安装螺栓（力矩、数量）、止水密封圈、同步灌浆和加泥系统的止回装置等。始发前主要对盾构部件、系统功能性、运转状况进行验收，应制定详细的验收表格，逐项验收，确保盾构机的组装调试质量。

（六）盾构机试掘进和正式掘进阶段

盾构机在初始推进时，需进行各功能系统的带载试验，完善各功能系统，并进行整合。同时在掘进过程中寻求最佳施工参数，为全线正常推进提供符合土质特点的基本施工参数。试掘进过程基本在 100 环左右。无论是试掘进还是正式掘进都需加强过程管理来保证盾构施工的安全，保证隧道的施工质量。

1. 开挖面的土压力管理

（1）理论土压力值计算。由于盾构机工况复杂，合理的土压力是变化的，这要通过与理论值进行对比，并不断通过综合监测，利用千斤顶、速度、螺旋机转速等参数进行调整，以保证掘进面的稳定。

（2）设备备用的土压力计，异常时切换使用。

（3）设置土压计的更换机构进行检查和更换。

2. 切削土量的管理

为了保持开挖面稳定，顺利进行掘进，就必须确切地排出与掘进量相一致的切削土砂。由于地质改良关系，切削土体积与重量将产生变化，不能单独地进行切削土量计算，通常与土压力一起考虑，来判断开挖面的稳定状态。切削土量的管理方法有重量管理和体积管理两种，都需要通过计算与理论出土量进行比较。这也是选用渣土车的台数及体积时需要考虑的。通过出土量的统计和计算，可以判断超挖量和掘进面是否出现坍方。由于螺旋机的转数不太容易记录，一般不用螺旋机的转数来计算出土量。

3. 推进速度与推力

（1）盾构掘进的速度主要受盾构设备进、出土速度的限制，若出土速度不协调，极易出现土面土体失稳和地表沉降等不良现象，因此推进应尽量均衡、连续作业。

（2）千斤顶推力是盾构前进的动力，正确地使用千斤顶是盾构能否沿设计轴线（标高）方向准确前进的关键，应根据盾构趋势，合理选择千斤顶和设定千斤顶的推力。

4. 盾构机姿态控制要点

（1）盾构机姿态的测量数据包括自动测量数据和人工测量数据。人工测量数据是对自动测量数据正确性的检测和校正。两类数据要进行比较、分析，动态掌握数据变化情况，正确指导盾构机正确、安全地推进。

（2）基准点的前移和复测。隧道内测点的设置间距大约为 20～50m，隧道内的测点必须定期复测和修正。

（3）以测量结果为基础，绘制盾构及管片与设计线之间的位置关系图。

（4）发现盾构机偏向时，应及时纠正，不得猛纠硬调。进行大方向的纠正时，要确保盾尾间隙，可采用纠偏材料、异形管片进行纠偏。

5. 管片拼装的质量控制

管片拼装是盾构工法的关键工序，管片拼装质量的好坏直接影响隧道结构的使用功能和安全，为此应重点做好以下工作：

（1）按《地下铁道工程施工及验收规范》GB 50299—1999 的要求，对管片进行严格验收。

（2）管片运输、搬运时要防止损伤边角和防水装置。

（3）管片拼装要符合设计要求（通缝或错缝）。

（4）管片接缝间严禁夹有杂物（如砂土等）。

（5）管片定位应慎重，防止接头表面碰撞和挤坏止水装置。

（6）按组装顺序收缩该部位的千斤顶，不可全缩。

（7）轴向插入 K 形管片，使之难以向下方向错动，而端部有微上翘的倾向（盾尾长度要加长到管片宽度的 1/3～1/2），要充分注意不要损伤管片及产生密封材料的剥离。

（8）管片定位后，首先拧紧管片螺栓，再拧紧环接头的螺栓。

（9）待拼装一环管片后，利用全部的盾构千斤顶均匀压紧拼装的管片，正式紧固。一般在盾尾后方 10～15m 左右，需按设计力矩再度复紧。

（10）拼装管片时，接触面要严禁对准，防止拼装中的管片与已有管片的转角处成点接触或线接触状态，在受千斤顶推力时会产生缺陷和开裂。当盾构方向与管片方向不同时，盾尾会挤伤管片，此时就要瞬时改变盾构的方向，以杜绝挤压。

（11）K形管片的位置变化可进行细微纠偏，但需注意不可将管片拼装成通缝。

（12）在负环管片拆除或掘进终了，管片脱离盾构机时，在二次注浆不充分或没固化时，一般应采用钢材将端头的10环左右的管片连接成体，以防应力释放、环缝增大或管片移动。

6.同步注浆

同步注浆主要起固定管片、防止地基变形、止水等作用。注浆质量直接影响到隧道长期的防水效果，因此要认真对待。

（1）壁后注浆材料中的流动性、强度、收缩率、水密性及胶凝时间都是选用材料的指标，应定期检查试验。

（2）施工时应注意的事项：①注浆的配比（可参考相似的工程实例）；②材料在搅拌时的投入顺序；③水泥及膨润土的分散状态和杂物是否混入；④搅拌时间及有无离析；⑤注浆位置；⑥注浆压力及注浆量；⑦盾尾密封的泄漏及向开挖面陷进的情况。

（3）注浆量一般按计算空隙量的143%来注入；注浆压力在管片注浆口处一般为13kgf/cm²。应以注浆实际效果的反馈来指导具体施工。

（七）盾构机到达的质量控制

1.盾构进洞区域土体加固

盾构进洞区域土体加固一般与出洞区域土体加固是同时进行的，对盾构进洞土体加固效果的检验可参照对盾构出洞土体加固。

2.盾构接收基座设置

盾构接收基座用于接收进洞后的盾构机，由于盾构的进洞姿态是未知的，在盾构接收井进洞前仍需复核接收井洞门中心位置和接收基座平面、高程位置（一般以低于洞圈面为原则），确保盾构机进洞后能平稳、安全地推上基座。

3.进洞前盾构姿态监控

在盾构进洞前约100环时，应对已贯通隧道内布置的平面导线控制点及高程水准基点作贯通前的复核测量，是准确评估盾构进洞前姿态和拟定进洞段掘进轴线的重要依据。

4.洞门围护结构凿除（进洞侧）

盾构进洞前需对接收井内围护结构背水面钢筋进行切割及混凝土凿除，通过打探孔实际验证盾构进洞区域土体加固的效果。洞门的围护结构凿除后同样需对其后土体的自立性、渗漏等情况进行观察，判断进洞区域土体的实际加固效果是否满足盾构安全进洞的要求，否则应采取补救措施。

5.盾构接收（进洞）观察

盾构接收（进洞）准备工作就绪后，盾构机向前推进，从前端刀盘露出土体直至盾构壳体顺利推上接收基座的过程称为"盾构接收（进洞）"。在该关键环节应重点做好以下工作：①观察进洞洞口有无渗漏的状况，发现洞口渗漏及时封堵；②及时安装洞口拉紧装置，并检查其牢固性。

盾构法隧道工程是一项综合性施工技术（如包括盾构机械技术、隧道测量技术、地下防水技术、盾构施工安全技术等），通过多年的不断摸索和实践已经形成了一套比较成熟的施工技术，在地铁建设中得到了广泛的应用。盾构法施工技术也在原有的基础上不断发展（单元、小直径逐步向多元、大直径），国内盾构施工技术也取得了可喜的成绩。这对施工人员的素质提出了更高的要求，更需施工人员通过不断的学习和实践，熟悉这些相关的施工技术，掌握盾构法隧道施工质量的监控重点及相应对策，才能为今后盾构法隧道的施工质量、施工安全提供有力的保证。

二、冻结法施工技术质量控制

在冻结法凿井工程中，冻结壁设计、施工是整个凿井工程中的关键技术之一，要严格确保其安全性。以下就冻结壁在施工中存在的一些问题以及如何进行质量控制作详细研究。

（一）冻结壁长时间不交圈

冻结壁施工中常常出现的一个问题是冻结壁长时间不交圈。例如，我国已建的位村矿副井、建昌营子罐笼井、拾屯主井等，在施工过程中都出现了冻结壁不交圈的情况。经分析得知，冻结壁长时间不交圈的主要原因是流动的地下水带走了冻结管内的冷量。

在施工时，为了确保冻结壁能按时交圈，应注意以下几个方面：

首先，勘察单位应提供详细的水文地质勘测报告，以了解井筒附近的水文地质条件。

其次，当勘测到地层中存在流速很大的地下水时，应采取减少冻结管的间距、降低冻结盐水的温度、加大盐水流量和循环次数等措施，来确保冻结壁顺利交圈。

最后，冻结站水源井应设在井筒水流的上方，且要大于 1/2 的影响半径；对影响冻结的水源井还应严格控制使用，必要时关闭水源井直至冻结壁交圈。

当达到冻结设计工期时，若没有发现水文孔水位有规律地上升、冒水，说明冻结壁没有交圈，此时应查明原因。一个简便的检查方法是对冻结管的纵向温度进行测量，观察冻结管内温度是否沿深度有规律地降低。如果温度存在突然的变化，则表明在此部位可能存在较大的流动地下水，影响冻结壁的交圈，可采用注浆堵水的办法来解决。

（二）冻结管断裂

冻结管的断裂问题被工程界称为冻结法施工中的"癌症"。在冻结法施工中，要预防冻结管断裂的发生，首先要认识影响冻结管断裂的各种因素。只有清楚地认识存在的问题，才能有针对性地采取相应措施，进而加强施工质量管理。

对于冻结管断裂的问题，已经有了很深入的认识和研究。总体上可以分为内因和外因两个方面。内部原因主要指冻结管的材质和接头强度；外部影响因素主要是冻结壁变形、冻结孔的成孔质量等。以下具体分析各种影响因素、预防措施以及发生断管事故的治理措施。

1. 影响冻结管断裂的因素

经观察冻结管断裂的位置，发现冻结管断裂通常发生在接头部位。分析其原因：一是接头位置的强度和韧性一般都小于母材，在此处形成薄弱环节；二是由于冻结壁的平均温度偏高、井帮暴露时间长、掘砌段高度过大等原因，使冻结壁的径向位移超过冻结管的极限变形能力，造成冻结管的断裂。

2. 预防措施

针对上述影响冻结管断裂的因素，应着重从以下几个方面进行预防：

（1）在冻结管的选材上，选择超低温条件下韧性好、强度高的钢材，同时保证接头焊接质量，提高接头处的强度和韧性，使其接近或等于母材的力学性能。

（2）在冻结过程中，强化冻结，降低冻结壁的平均温度，以提高其强度和稳定性，减少其径向变形。

（3）加强施工质量控制，严格控制冻结孔的偏斜率。

（4）加强施工质量管理，快速施工，减少冻结壁的暴露时间；同时，严禁为了施工方便随意加大掘进段高度。

3. 应急治理措施

施工中若发生冻结管断裂事故，轻者延长冻结壁的交圈时间，重者淹井造成重大的经济损失。当发生断裂事故时，应采取以下应对措施：

（1）立即关闭去路盐水总管，停止向井筒输送盐水，同时停止掘砌。

（2）在冻结沟槽内找出断管，关闭其盐水循环，并尽快清理完工作面上泄漏的盐水，以防止冻结壁被融化而造成更大的破坏。

（3）分析断管是否影响井筒施工安全，并查明冻结管的断裂原因，推算还可能出现的断裂冻结管，以采取针对性的措施。

（4）积极处理断裂管，采用套管方法，尽快恢复断管的冻结，以保证冻结壁的稳定性。

（三）冻结壁厚度均匀性质量控制

土层的不均匀性、冻结孔的偏斜、地下水的流动等原因，是造成冻结壁厚度在径向出现差异的主要原因。在施工中应严格控制冻结孔的偏斜率。当查明井筒周围存在流速较快的地下水时，在水头上方应减小冻结管间距，同时加强冻结。

目前，冻结法施工由于其具有适应性强、隔水性好、支护结构灵活、对环境影响小等优点，仍是在建的特大、超深竖井工程中的主要施工方法。冻结壁作为冻结法凿井工程中的关键施工技术，应从设计、施工两个方面确保其施工质量安全。

为了解决冻结壁在厚度计算方面存在的问题，首先，要着重研究冻土在高围压作用下的各项力学参数，以便真实地模拟实际情况；其次，要结合现场实测的数据，着重研究深厚覆盖层的土压力理论计算，以准确计算超深竖井冻结壁的外载；再者，应开展冻结壁与周围土体间相互作用规律的研究。在冻结壁质量控制方面，一是要根据设计、地质勘探等资料，编制安全可行的施工组织设计；二是在施工过程中要加强施工管理，针对可能出现的问题做出应急预案，以便于在出现紧急情况时能从容应对。

三、软弱围岩隧道施工技术质量控制

（一）软弱围岩隧道施工技术质量控制的必要性

随着我国道路建设的快速发展，出现了大量的隧道穿过更多、更长的软弱围岩地段的现象，这些隧道大多都面临着跨度大、埋深浅、地质情况复杂、施工环境要求高、工期短等困难。做好软弱围岩隧道施工质量控制是保证隧道施工工期、隧道施工安全的关键。

（二）软弱围岩隧道施工质量控制技术

1. 隧道施工质量控制要点

要做好软弱围岩隧道施工质量控制，必须注意以下几个控制要点：

（1）要求施工单位建立健全质量保证体系和质量管理机构，制定完整的质量管理规章制度，强化质量管理意识，明确任务，责任到人。

（2）严格执行施工前的技术交底制度，特别是重点、关键部位的施工要强化质量教育，将质量保证措施落实到具体岗位，实行质量责任制，对特殊工种人员实行持证上岗，

以确保工程质量不出问题。

（3）按照设计文件、施工技术规范和有关规程、规定和标准的要求施工，如发现实际情况与设计不符，有关方面进行现场踏勘核实，避免发生安全事故，同时确保工程质量。

（4）严格执行施工监理程序，对每一道工序，特别是隐蔽工程，施工单位首先进行自检，自检合格后报监理组检查签认，未经监理组检查签认不得进行下一道工序的施工。

（5）加强施工过程的质量控制，驻地施办监理部对隧道施工的各道工序质量经常进行抽检，杜绝隐蔽工程的质量隐患。

（6）对隐蔽工程或重点工程部位的施工，坚持监理旁站，确保按设计和规范施工。

（7）严把原材料的进场、使用检验关。所有进场材料均需有出厂合格证和正规的检验资料，监理组按规定抽检，严格审查把关，杜绝不合格材料进场和使用。

2. 隧道施工质量控制

1）洞口段施工质量控制

软弱围岩隧道施工中，洞口段围岩更加破碎、地质条件更差，应尽量减少对岩体的扰动，以提高洞口段岩体和边、仰坡的稳定性，并做到"早进洞、晚出洞"，尽量避免大挖大刷，及时施作洞口，并在出洞之前，结合洞口的实际情况，先做好洞口地表的防排水措施。在大断面、浅埋和地质条件差的情况下通常采用地表预注浆、超前长管棚注浆等预加固措施。软弱围岩隧道洞口段施工质量控制的要点是进洞施工质量和地表预加固质量。

（1）隧道进洞施工要严格遵守"短进尺，小循环，早锚喷，强支护，快封闭"的原则，及时施作洞门及其排水系统。通常采用短台阶或超短台阶法施工，先施工上台阶，凡能用十字镐、风镐进行人工施工的情况，不允许爆破；需爆破时，可由隧道中心掏槽分段起爆，严格控制药量，人工风镐修边，控制超欠挖，减少对围岩的扰动。

（2）隧道洞口的预加固措施一般有两种：一是地表预加固，主要措施有锚网喷支护、地表注浆、地表锚杆、抗滑桩、锚索等；二是洞口正面围岩预加固，主要措施有超前长管棚注浆、超前小导管注浆、掌子面封闭等。

常用的预加固措施的施工质量控制重点如下：

①锚网喷支护的施工质量控制重点：钢筋网必须与锚杆焊接，且钢筋网须用点焊焊成整体；喷混凝土时必须保证钢筋网保护层厚度满足设计要求。

②地表注浆预加固施工质量控制重点：按照设计孔位开孔，严格控制孔位位置偏差；注浆工程中监控注浆压力变化；注浆结束前，应采用最大注浆压力闭浆一段时间，一般可取 10min 左右，并及时封堵注浆口。

③超前长管棚注浆施工中的质量控制重点：钻孔前，掌子面必须按要求先喷一层素混凝土作为止浆墙；钢管逐节顶入，采用丝扣连接，隧道同一断面处的接头数不大于 50%，相邻钢管接头至少应错开 1m，并及时将钢管与钻孔壁间隙填塞密实；注浆过程中随时检查孔口、邻孔、覆盖层较薄部位有无串浆现象；施工中应及时检验注浆效果。

④超前小导管注浆施工中的质量控制重点：纵向两组小导管间应有不小于 1.0m 的水平搭接长度；根据地质情况确定浆液配比及注浆压力；格栅钢架拱脚处设置锁脚锚杆，防止开挖下台阶时，钢架移动和下沉。

2）洞身开挖质量控制

软弱围岩隧道洞身开挖的不利因素多，难度大，必须加强质量控制。隧道洞身开挖的质量控制有两个方面：

（1）软弱围岩隧道在开挖前必须用地质雷达、超前小导坑等方法做好超前地质预报工作，同时做好预加固、预支护等辅助施工措施。

（2）隧道开挖断面的尺寸要符合设计的要求，软弱围岩变形较大，应根据计算及实测施工数据预留变形量及支撑沉落量，防止出现净空不够的现象。

3）支护质量控制

软弱围岩隧道开挖后要及时支护，限制围岩的变形，以减少支护承受的荷载并发挥围岩的承载力，目前常采用钢支撑。

钢支撑的施工质量控制重点为加工质量和安装质量。其中加工质量主要包括加工尺寸、钢支撑的强度和刚度以及焊接质量，钢筋格栅的质量要求可按照钢筋骨架的加工标准；安装质量主要包括安装尺寸，包括标高和间距；安装倾斜度，包括平面和纵面，钢架的连接与固定质量，钢架应有牢固的基础并与围岩密贴，同时与锚杆焊接牢固，形成一个承载整体。锚喷施工支护必须紧跟开挖面实施，锚喷前要清除松动岩块和墙脚岩渣，用风或水清洗待喷面。锚喷支护施工的质量控制重点是锚杆的加工质量、安装质量及喷射混凝土的原材料质量和喷射施工质量。

4）防排水系统质量控制

（1）防水系统的质量控制主要包括防水措施的施工质量和防水层的质量控制两个方面。防水措施的施工质量控制要点是浆液的原材料质量和浆液配合比，压浆时要保证注浆压力和时间；防水层的质量控制包括材料质量与安装质量两部分。

（2）排水系统的质量控制也包括材料质量与安装质量两个方面。材料的质量主要是保证排水管的材料质量、规格满足设计要求。安装质量：环向排水管的安装质量包括间距、排水管与围岩的密贴程度，排水管安装的顺直度，以及与纵向排水管的衔接；纵向排水管的安装质量主要是保证安装的坡度、顺直度及防水卷材与管道的包裹衔接满足设计要求；隧道中心排水管的施工质量主要是基础、管节的安装质量，可参照管涵的施工质量标准控制。

（3）在隧道施工中要注意保证仰拱的施工质量，它将直接影响防排水系统质量。

5）二次衬砌质量控制

二次衬砌是隧道运营安全的保障，是隧道防水工程最重要的防线，也是隧道外观的直接体现。二次衬砌施工中要注意内在和外观质量两个方面，质量控制的重点是原材料质量、混凝土强度和厚度、墙面平整度、混凝土表面质量、轮廓线顺直程度。施工中要严格执行混凝土配合比，对混凝土进行充分拌合、振捣；同时，坚决杜绝衬砌背后填塞不密实、拱顶部位有空洞及衬砌厚度不足等现象发生。

6）隧道监控量测

隧道监控量测对软弱围岩隧道施工具有重要意义：它不但用来监测初期支护和二次衬砌的安全性，还用于决定二次衬砌施工的最佳时期；监控量测可用于选择各种地质条件下合适的支护参数。隧道施工量测数据的具体处理中要注意两个方面：施工时，将各项量测情况填入记录中，及时绘制位移-时间曲线和相关图表，并注明当前施工工序及开挖掌子面离量测断面的距离；及时根据位移-时间曲线进行稳定性判别，当位移-时间曲线趋于平缓时，进行数据处理和回归分析，推算最终位移和变化规律；当位移-时间曲线出现反常的急骤变化时，表明此时的围岩、支护系统已处于不稳定状态，必须立即停止开挖，对危险地段加强支护及辅助措施，确保已开挖段的安全。

软弱围岩隧道越来越多，总结了其施工质量控制要点，并从隧道洞口施工、洞身开挖、防护、防排水、二次衬砌及监控测量方面给出了其质量控制重点，从而为软弱围岩隧道施工质量、施工安全、施工工期提供了有力保证。

四、双连拱隧道施工技术质量控制

双连拱隧道结构复杂，施工难度大，施工质量控制要求高。只有严格按施工设计方法与施工技术规范要求施工，才能保证施工质量。

（一）原材料质量控制

根据《江苏省建设工程质量检测见证取样送检暂行规定》，要求在建工程质量检测中实行见证取样送检制度，即在建设单位或监理单位人员见证下，由施工人员在现场取样共同送至检测单位进行检测。同时，规定凡未实行"有见证取样送检"的检测报告，不得作为质量保证资料和竣工验收资料。

根据《过程检验和试验计划》及有关的规范和标准进行质量检查，认真做好进货检验和试验，严把产品验收关，试验频次满足规范要求。每项材料到工地应有出厂检验单，来历不明的材料不用，过期变质的材料不用，及时消除外来因素对工程质量的影响。保证使用的材料全部符合工程质量的要求。

（二）开挖支护质量控制

开挖前作了详细的地质调查，并对导线网进行复测，确定准确有效的开挖支护方式，与设计不符时及时向监理工程师及业主报告。提出变更方法和措施，保证了施工安全及施工质量。开挖采用光面爆破技术，爆破效果符合《公路隧道施工技术细则》JTG/T F60—2009 的要求。加强对开挖后敲帮找顶的检查，及时初喷 3～5cm 混凝土封闭围岩及防止岩体发生松弛，施作钢拱架、锚杆、钢架网之后即进行复喷混凝土至设计厚度。作业过程中，加强了对各工序的监控；钢拱架的加工、安装、间距、净空尺寸、垂直度、连接螺杆、网片安装、拉杆连接等；系统锚杆安装、角度、方向、长度、抗拔力符合设计要求；喷射混凝土厚度、配合比、抗压强度等作为检查重点。有效地保证了安全和质量。

（三）中隔墙施工质量控制

根据双连拱隧道自身的特点，双连拱隧道中隔墙易产生下沉而导致衬砌体出现裂纹。为防止这种病害的发生，把中隔墙施工质量作为施工重点，正洞开挖前必须做好中导坑的回填工作，尽量减少偏压。施工过程中，控制了中导坑底部的开挖，严格控制超欠挖，及时施作地层锚杆、注浆，加固地基，加强监控量测，根据监控量测结果，随时采取加固措施。必要时施作仰拱支护，封闭成环，改善受力条件，保证中隔墙基础稳定。保证中隔墙钢筋混凝土基础与仰拱混凝土施工质量，使连接良好，并与洞身衬砌连接成环。

1. 中隔墙基础施工质量控制

中隔墙基础施工质量控制是双连拱隧道施工的重要环节，在施工中主要检查：中导坑底部开挖后，及时施作中隔墙基础，施工前检查基底承载力，不符合设计要求的地段报变更方案经设计代表、监理工程师批准后实施，Ⅰ、Ⅱ类围岩对基底采用直径 25cm 的中空注浆锚杆加固地基承载力，间距 100cm×100cm，长度 $L=3.5m$，由于锚杆垂直向下，施作时钻孔困难，钎子难以拔出，施工极为不便，统一采用自进式中空注浆锚杆。中隔墙基础钢筋加工及钢筋绑扎后采用大块钢模拼装,检查钢筋间距、尺寸是否符合设计规范要求,模板是否平整、顺直,是否符合设计几何尺寸及排水管安装,泵送混凝土入模,拆模后回填7.5号浆砌片石至基础顶面平。

2. 中隔墙墙身施工质量控制

墙身部分采用移动式整体钢模板台架模筑中隔墙钢筋混凝土,施工过程中主要检查钢筋加工绑扎、排水管安装、整体钢模板平整度、几何尺寸等,采用泵送混凝土入模。模筑混凝土施工时,控制混凝土的配合比、坍落度等,墙身顶部亦脱空,采取加高中导坑开挖高度20～40cm,保证中隔墙的设计结构尺寸,特别是顶部与二次衬砌接头处保持平顺,同时方便顶部钢筋与二次衬砌钢筋的接槎。

3. 中隔墙顶部防排水施工质量控制

针对隧道的自身特点,现场严格监督检查,按设计施作,在中隔墙顶部沿隧道埋设纵向排水花管,排水管竖、横向连通,采取以防为主、防排结合的防排水措施,并加强施工过程质量控制,保证施工质量。施工中检查排水沟间距,以利于排水畅通,并用土工布包裹纵向排水花管四周,以防水泥浆堵塞排水管壁上的花孔。铺设复合防水层并预留足够的搭接长度,严格按照设计和施工规范要求绑扎中隔墙钢筋、安装预埋件及中隔墙泄水管。在安装钢筋、排水管时,用细钢丝或钢筋箍将排水管固定在设计位置,保证排水管、等径三通管与等径接头在浇筑混凝土时不发生位移。并适当加长排水管,用土工布或其他替代物对排水管管口进行封闭,以防混凝土堵塞排水管。进入正洞开挖后,中隔墙顶部与正洞接头部位采用小型铁器凿除不平处,保证中隔墙防水板与正洞防水板搭接良好,拆除中导坑临时支撑时,严禁损伤防水板,同时严格检查按设计位置预埋的止水带和止水条,以保证中隔墙顶部不渗水。

(四)正洞二次衬砌质量控制

正洞二次衬砌既是隧道外观美的直接体现,也是隧道工程质量控制的最重要的一道防线,因此在具体施工时要坚持控制内在的质量与外在的美观并重的原则。

1. 仰拱及防排水施工质量控制

(1)仰拱采用大模板,浇筑前必须将基底虚渣、污物和基坑内积水排除干净,检查合格后方能浇筑。混凝土运输车运送混凝土,插入式振动器振捣。浇筑时,由仰拱中心向两侧对称一次浇筑成型。仰拱与中隔墙及边墙基础衔接处捣固密实。

(2)隧道结构防排水:严格检查按设计敷设的软式透水管;每个衬砌施工缝处均设置橡胶止水带;同时检查了在中隔墙顶部施工后排水管、防水板、止水条及二次衬砌止水带的安装位置,使之准确,保证整个排水体系畅通。坚持防水板铺设前对施工支护和初期支护的渗水进行预处理。施工缝、变形缝,严格按设计施工,确保不渗不漏。

(3)隧道防排水原则:采取以排水为主,防、排、截、堵相结合的综合防排水措施,形成完整的防排水体系。施工过程中加强现场质量控制,严格把关,确保隧道建成后的防渗、防漏,严格按照施工规范和设计图纸施工。在业主、设计和监理单位的协调、指导下优选防水材料供应厂家、优选防水材料。

2. 防水板铺设质量控制

(1)铺设前,检查基面平整度,锚杆头处理,纵向、环向软式透水管安装:①将喷射混凝土层凸出的锚杆头或钢筋头切断,并用砂浆抹平;②对喷射混凝土凹凸表面补喷平顺，保证基面平整圆顺，凹凸量不超过±5cm；③对隧道中隔墙与正洞连接处的掉块、洞穴采取回填及注浆特殊处理；④对基面渗水及淋水较大部位，在铺设防水层前将水进行引排处理。

（2）铺设时，在二次衬砌前安排单工序人工作业，铺设方法采用无钉铺设，在自制的防水板作业台车上张挂铺设。防水板施工时，严格检查焊缝，防止漏焊，铺设时避免刺破。防水板材质检查对施工使用防水板进行了各项基本性能检测，单位面积质量、厚度、拉伸强度、断裂伸长率、不透水性等检测结果要满足施工要求。铺设质量检查：①防水层固定点检测，防水层的固定包括土工布的锚接固定和防水板的压焊固定，检查包括固定点间距、抗拔力检查和土工布与基面的密贴性检查。密贴性检查用手托起防水板，看其是否与基面密贴，并观测凹凸变化有无固定点，如果不密贴程度较小，在防水层延伸范围之内，须增加固定点，否则须将防水层剪开，中间增加一小块防水板并将接缝焊牢。②防水层的防水密闭效果由防水板的焊缝质量来保障，防水板的焊接质量检查包括目测检验、充气检验和破坏性检验，施工中，采用了目测和破坏性检验。目测主要看焊缝是否平顺，颜色是否一致，特别是接头的处理是否严密；破坏性检验是检查焊缝拉伸强度是否满足规范强度。

3. 二次衬砌质量控制

（1）钢筋施工质量控制：在施工中严格检查，存在有害缺陷的钢筋，如有裂纹和叠层的钢筋，一律不得加工和安装。经钢丝刷或其他方法除锈去污的钢筋，其尺寸、横截面积和拉伸性能应符合设计要求。成盘和弯曲的钢筋调直后损伤截面不能超过总面积的5%，钢筋的弯折均应冷弯，钢筋制成的箍筋，末端应设弯钩，弯钩长度应按图纸说明，若图纸未示，应符合规范要求。钢筋应按图纸所示准确地安装，并应将钢筋牢靠地固定好，不允许使用片石、碎石或砌块、金属管和木块作垫块。钢筋上不允许有油渍，如有必须清洗干净。钢筋接头应避免设在最大受力段，并尽可能使接头交错排列，布置在同区段内的受拉钢筋接头，其界面面积不能超过配筋总面积的50%，受压区不受限制。焊接接头应尽量采用双面焊接，只有在无法采用双面焊接时，才可用单面焊接。

（2）隧道拱墙二次衬砌施工质量控制：严格控制混凝土质量，采用全断面液压模板台车，自动计量拌合混凝土，混凝土运输车运送混凝土，泵送混凝土入模，附着式振动器振捣混凝土完成衬砌。隧道衬砌前，应严格检查中线、水平标高、断面尺寸、净空大小是否符合设计要求，模板台车是否准确就位，模板面是否光滑平顺、不漏浆，接缝是否严密、整齐、无错台，预留洞室及预埋件位置是否准确。优化模筑衬砌配合比、掺加AEA等外加剂提高混凝土的防水抗裂能力，衬砌背后注浆要求掺适量膨胀剂，并采用分次压注方式浇筑混凝土。衬砌混凝土质量达到内实外美。

4. 路面及沟槽施工质量控制

边墙基础、仰拱、路面混凝土基层先于衬砌浇筑，开挖后尽快施作边墙基础、仰拱、隧底填充及路面混凝土基层，以利于支护结构整体受力，同时利于文明施工。在施工过程中，加强了对基底清理、立模检查路面标高、中线、横坡度的检查，水沟、电缆槽线条平顺，路面混凝土采用混凝土运输车运送，采用平板振动器、插入式振动器捣固，振动梁振动找平。

（五）验收

单位工程完成后，施工单位应进行自检，并在质检合格的基础上，将竣工资料、自检结果报监理工程师，申请预验收。监理工程师应在预检合格后报建设单位申请正式验收。建设单位应依据相关规定及时组织相关单位进行工程竣工验收，并应在规定时间内报建设行政主管部门备案。

五、隧道防排水施工技术质量控制

从国内已建成山岭公路隧道的情况看，还不同程度地存在着渗漏水现象。施工缝渗水、混凝土衬砌内渗水、路面渗水等，不仅影响着行车安全，而且对隧道的电气设备、管理设施、隧道结构和隧道洞内的外观也有很大的影响。《地下工程防水技术规范》（GB 50108—2008）规定：地下工程防水的设计和施工应遵循"防、排、截、堵相结合，刚柔并济，因地制宜，综合治理"的原则。

（一）隧道施工方面产生渗漏水的原因

1. 材料方面

用于隧道防排水的材料如土工布、防水卷材、透（排）水管等，生产厂家比较多，品牌杂，在采购中如果不严格把关，材料质量就达不到设计要求。如出现防水卷材厚度不足或不均匀、拉伸强度不够、弯折性满足不了要求等，在使用中就会出现裂缝、破损等现象，导致漏水。

2. 施工工艺不当和施工质量问题引起渗漏水

（1）纵（横）向排水管的设置不合理，安装不符合要求，排水不顺畅而导致水量集中、水压增大，最后形成盲流而到处渗漏。

（2）喷射混凝土不密实，空隙率大，透水性强，使围岩内的水畅通无阻地通过而集中在防水层上缘，寻找防水层空隙或伸缩缝缝隙渗漏。

（3）防水卷材的粘结缝多，胶粘剂涂抹不均匀，因而粘贴不紧密，粘结缝不平整，出现缝穴；防水卷材铺设固定时射钉破损处未补强或处理不当，造成射钉破损处漏水。

（4）浇筑衬砌混凝土时，混凝土入仓或振捣时将防水卷材损坏而形成渗水通道。

（5）初期支护表面凸出的钢筋、锚杆头、钢纤维等处理不彻底，在浇筑衬砌混凝土时，由于混凝土对防水卷材产生压力，将防水卷材刺破而漏水。

（6）安装焊接衬砌钢筋时，由于对防水卷材保护不力，焊接时将防水卷材烧坏，导致防水卷材功能失效。

（7）初期支护混凝土表面凹凸不平而未处理就安装防水卷材，在浇筑衬砌混凝土时凸出的棱角将防水卷材刺通，凹处由于防水卷材不能紧贴初期支护混凝土，受到衬砌混凝土的压力时防水卷材断裂，而导致渗漏水。

（8）施工缝、沉降缝是二次衬砌结构中的薄弱环节，往往由于止水条（带）的质量低劣或安装时的位置不正确或浇筑衬砌混凝土时移动，难以发挥止水作用而导致施工缝、沉降缝渗漏水。

（9）围岩开挖面凹凸不平，初期支护混凝土厚薄不均，而产生应力集中，在薄弱处产生裂缝，不仅降低了整体稳定性，而且为渗漏水提供了通道。

（二）解决隧道渗漏水的措施

1. 严把材料质量关

隧道防排水材料的质量，是防排水工程成败的关键。因此，在隧道防排水材料特别是防水卷材、止水条（带）等关键材料的选用上对材质应严格要求，要采购质量合格的产品。同时，要加强质量检验，对每一批进场材料都必须进行严格的抽样检验，严把材料质量关，使所购材料的每一个指标数据都满足设计和规范要求。

防水卷材尽可能选择幅宽较宽的材料，尽可能地减少接缝数量。

2. 严把施工工艺和质量关

在设计先进合理、材料质量保证的前提下，施工工艺和质量控制至关重要。隧道的防排水工程质量的好坏，是隧道能否保证长期使用、确保行车安全的重要条件。因此，在隧道施工中必须严把工艺和质量关。

1）应严格按设计文件、施工规范要求，认真组织施工和管理，坚决杜绝随意操作和违规作业，强化质量控制，杜绝任何质量隐患。

2）隧道开挖应处理好隧道洞顶、洞仰坡的地表排水。在隧道开挖前，应先处理好洞顶地表的排水系统，在隧道仰坡的坡口外适当位置，设置地表截水沟、排水沟，将地表水直接引排于隧道外。若地质松散，渗水性强，应采取防渗措施，防止地表水渗入围岩而流入洞内。

3）隧道初期支护排水的工艺和质量控制。初期支护的防排水是隧道防排水的第一关，也是最关键的一关。

（1）控制好光面爆破，使开挖轮廓线符合设计要求。在喷护前，如围岩涌水，应进行引排，尽可能地减少进入喷护混凝土的渗透水。

（2）应采用能减少初期支护混凝土的内空隙率的喷护工艺，如采用湿喷等，增大混凝土的密实度，增大混凝土的抗渗能力。初期支护混凝土的喷护应密实，不能漏喷，不能有空洞现象。初期支护混凝土的厚度及表面平整度应符合设计和规范要求。

（3）在铺设防水卷材前，应将露头的钢筋、锚杆沿混凝土面切除，然后再喷水泥浆或水泥砂浆覆盖。对露头的钢纤维应将其敲弯、紧贴混凝土面，防止将排水卷材刺破。

（4）在铺设防水卷材前，应对初期支护混凝土进行认真检查，检查是否有裂缝产生、混凝土表面平整度是否符合要求、露头铁件处是否合格等，发现裂缝应分析原因，及时采取措施进行处治。

4）防水层施工的工艺和质量控制。防水层是隧道防水排水工程的最后一道工序，也是最后一道止水关。因此，操作应认真细致，必须确保工程质量。防水层的质量控制关键是对防水卷材的铺设。

（1）防水卷材应根据所用的材料选用相应的结合方法。如橡胶防水板，可采用粘结方法，要选用粘结效果好的胶粘剂，并事先进行粘结试验选定结合工艺，确定胶粘剂材料。

（2）防水卷材可从拱部或从边墙开始环向铺设，要求搭接宽度不小于10cm，粘结宽度不小于5cm。胶粘剂涂刷必须均匀，用量充足，不能漏刷。接缝处必须平整紧密，不能有气泡、折皱及空隙。接头应牢固，强度不小于同质材料。用无纺布做滤水层时，防水卷材和无纺布应整体铺设，紧密叠合。

（3）防水卷材的固定可用混凝土射钉直接进行，但钉头必须用直径不小于10cm的小块防水卷材粘贴密封，或先用垫块和射钉进行固定点的设置，然后在垫块上涂抹胶粘剂，再将防水卷材贴上进行固定。

（4）防水卷材铺设时不宜绷得太紧，应适当留有余地，让防水卷材的凹处有调整余地，以保证在浇筑二衬混凝土时防水卷材能紧贴喷护混凝土表面。

（5）在安装焊接二衬混凝土钢筋时，对防水卷材应采取保护措施，如用木板或铁板进行遮盖防护，防止防水卷材被电焊烧坏。

（6）在浇筑二衬混凝土前，应对防水层的施工质量进行认真细致的检查，不能留有任何隐患。

（7）浇筑二衬混凝土时，混凝土的入仓方式最好选用泵送，既能使混凝土均匀入仓，又能避免混凝土冲击防水卷材。混凝土的振捣最好选用附着式振动器，使混凝土振动设备不接触防水卷材，以免损坏防水卷材。当发现防水卷材有损坏时必须立即修补。

5）排水管道的安装应稳固，不能在下道工序施工时产生移位。排水管道应有直顺流水坡度，不能出现堵水现象，浇筑混凝土时应采取保护措施，防止管道堵塞。

6）衬砌混凝土施工缝和伸缩缝止水带安装的质量控制。

（1）先应检查止水带材料是否完好，是否有如刺伤、破裂等现象，如应及时修补或拆除，不能勉强使用。

（2）安装止水带一定要稳固，定位要准确，浇筑混凝土过程中不能使其移位。

（3）浇筑混凝土过程中千万要注意混凝土的振捣工作，要排出止水带周围的气泡空隙，使止水带和混凝土紧密结合。

（4）止水带接缝应紧密，不能有缝隙。

7）衬砌混凝土在施工前，应进行试验，选择强度高、抗渗能力强的配合比。施工时应确保混凝土的浇筑质量，使衬砌混凝土和初期支护混凝土紧贴，不留缝隙，由此提高混凝土的密实度和抗渗透能力。

第三节　隧道施工与质量验收要点

一、明挖法隧道施工与质量验收要点

《公路桥涵施工技术规范》JTG/T F50—2011 有如下规定。

（一）基坑支护

1. 不支护加固基坑坑壁的施工要求

基坑坑壁坡度应按地质条件、基坑深度、施工方法等情况确定。当为无水基坑，且土层构造均匀时，基坑坑壁坡度可按表 8-4 确定。

基 坑 坑 壁 坡 度　　　　　　　　　　　　　　　表 8-4

坑壁土类	坑 壁 坡 度		
	坡顶无荷载	坡顶有静荷载	坡顶有动荷载
砂类土	1：1	1：1.25	1：1.5
卵石、砾类土	1：0.75	1：1	1：1.25
粉质土、黏质土	1：0.33	1：0.5	1：0.75
极软岩	1：0.25	1：0.33	1：0.67
软质岩	1：0	1：0.1	1：0.25
硬质岩	1：0	1：0	1：0

2. 基坑支护的施工要点

《地下铁道工程施工及验收规范》GB 50299—1999 有如下规定。

1）一般规定

（1）支护桩及腰梁、横撑、锚杆等，必须经过计算，并按设计要求施工。

（2）支护桩沉设前宜先试桩，试桩数量不得少于 2 根。

（3）沉桩前应测放桩位；沉桩时，钻（桩）头就位应正确、垂直；沉桩过程中应随时检测。

（4）沉桩施工场地应坚实、平整，并应清除地下、地面及高空障碍物，需要保留的地下管线应挖露并加以保护。

（5）基坑开挖后桩墙应垂直平顺，桩间挡土墙及支撑系统应牢固可靠。钢桩应无严重扭曲、倾斜和劈裂。钢板桩锁口连接应严密，钢筋混凝土灌注桩应无露筋、露石、缩颈和断桩现象。

2）基坑桩支护的几种形式

冲击沉桩、振动沉桩、静力压桩、钻孔灌注桩、地下连续墙等。

（二）钻孔灌注桩

1. 螺旋钻机成孔

（1）钻杆就位正确、垂直，允许偏差不应大于规范规定。

（2）钻或穿越软硬不均匀土层交界处时，应缓慢钻进并保持钻杆垂直。

（3）发现钻杆跳动、机架摇晃、不进尺等现象时，应停钻检查。

2. 泥浆护壁成孔

（1）护筒设置位置应正确、稳定，与孔壁之间应用黏土填实。

（2）其埋置深度，黏土层不应小于 1.0m。

（3）砂质或杂填土层不应小于 1.5m。

3. 排渣施工应符合的规定

（1）黏性土中成孔，可注入清水，以原土泥浆护壁，排渣泥浆的相对密度应控制在 1.1～1.2。

（2）砂土和较厚夹砂层中成孔，泥浆的相对密度应控制在 1.1～1.3，在穿越砂夹卵石层或容易坍孔土层中成孔时，泥浆的相对密度应控制在 1.3～1.5。

（3）泥浆选用塑性指数 $I_P \geqslant 17$ 的黏土配制。

（4）施工中应经常测定泥浆的相对密度，并定期测定黏度、含砂率和胶体率，其指标控制：黏度为 18～22s，含砂率为 4%～8%，胶体率不小于 90%。

4. 清孔施工应符合的规定

（1）孔壁土质不易坍塌时，可用空气吸泥机清孔。

（2）用原土造浆时，清孔后泥浆的相对密度应控制在 1.1 左右。

（3）孔壁土质较差时，宜用泥浆循环清孔，清孔后泥浆的相对密度应控制在1.15～1.25。

（4）清孔过程中必须补足泥浆，并保持浆面稳定。

（5）清孔后立即吊放钢筋笼，并灌注水下混凝土。

5. 钢筋笼加工与吊装

钢筋笼制作的允许偏差为：主筋间距±10mm；箍筋间距±20mm；钢筋笼直径±10mm，长度±50mm。

6. 混凝土灌注

(1) 混凝土必须具有良好的和易性，配合比应经试验确定。

(2) 混凝土灌注前应检查成孔和钢筋笼质量。混凝土应连续一次灌注完毕，并保证密实度。

7. 水下混凝土灌注应符合的规定

(1) 导管底端距孔底应保持300～500mm。

(2) 导管埋入混凝土深度应保持2～3m，并随提升随拆除。

(3) 导管吊放和提升不得碰撞钢筋笼。

(4) 混凝土试件制作。同一配合比每班不得少于一组。泥浆护壁成孔的灌注桩每5根不得少于一组。

(三) 基坑开挖与回填施工要点

《地下铁道工程施工及验收规范》GB 50299—1999有如下规定。

1. 基坑开挖

1) 基坑开挖前应做好下列工作：

(1) 制定控制地层变形和基坑支护结构支撑的施工顺序及管理指标。

(2) 划分分层及分步开挖的流水段，拟订土方调配计划。

(3) 落实弃、存土场地并勘察好运输路线。

(4) 测放基坑开挖边坡线，清除基坑范围内的障碍物，修整好运输道路，处理好需要悬吊的地下管线。

2) 基坑必须自上而下分层、分段依次开挖，严禁掏底施工。放坡开挖基坑应随基坑开挖及时刷坡，边坡应平顺并符合设计规定；支护桩支护的基坑，应随基坑开挖及时护壁；地下连续墙或灌注桩支护的基坑，应在混凝土或锚杆浆液达到设计强度后方可挖。

3) 基坑开挖接近基底200mm时，应配合人工清底，不得超挖或扰动基底土。

4) 基底应平整压实，其允许偏差为：高程+10/−20mm，并在1m范围内不得多于1处。

2. 基坑回填

(1) 基坑回填料除纯黏土、淤泥、粉砂、杂土，有机质含量大于8%的腐殖土、过湿土、冻土和大于150mm粒径的石块外，其他均可回填。

(2) 回填土使用前应分别取样测定其最大干密度和最佳含水量并作压实试验，确定填料含水量控制范围、铺土厚度和压实遍数等参数。

(3) 基坑必须在隧道和地下管线结构达到设计强度后回填。

(4) 基坑回填应分层、水平压实；隧道结构两侧应水平、对称地同时填压；基坑回填高程不一致时，应从低处逐层填压；基坑分段回填接茬槎处，已填上坡应挖台阶，其宽度不得小于1m，高度不得大于0.5m。

(5) 基坑回填时，机械或机具不得碰撞隧道结构及防水保护层。隧道结构两侧和顶部500mm范围内以及地下管线周围应采用人工使用的小型机具夯填。

(6) 基坑回填碾压过程中，应取样检查回填土密实度。机械碾压时，每层填土按基坑长度 50m 或基坑面积为 1000m² 时取一组，人工夯实时，每层填土按基坑长度 25m 或基坑面积为 500m² 时取一组；每组取样点不得少于 6 个，其中部和两边各取 2 个。遇有填料类别和特征明显变化或压实质量可疑处应增加取样点位。

（7）基坑回填碾压密实度应满足地面工程设计要求，如设计无要求时，应符合表 8-5 的规定。

基坑回填碾压密实度值　　　　　　　　　　　　　　　　　表 8-5

基础底以下高程 （cm）	最低压实度				
	道　路			地下管线	农田或绿地
	快速和主干路	次干路	支路		
0～60	95%～98%	93%～95%	90%～92%	95%～98%	87%～90%
60～150	93%～95%	90%～92%	90%～92%	87%～90%	87%～90%
>150	87%～90%	87%～90%	87%～90%	87%～90%	87%～90%

（四）主体结构及防水施工要点

《地下铁道工程施工及验收规范》GB 50299—1999 有如下规定。

1. 钢筋加工及安装

1）钢筋加工

（1）钢筋宜在工厂加工成型后运至现场安装。

（2）运至加工厂的每批钢筋，应附出厂合格证和试验报告单，并按规定进行机械性能试验。如未附文件证明或对钢筋有怀疑时，尚应进行化学成分分析。

（3）钢筋运输、储存应保留标牌，并分批堆放整齐，不得锈蚀和污染。

（4）钢筋加工的允许偏差应符合表 8-6 的规定。

钢筋加工的允许偏差值　　　　　　　　　　　　　　　　表 8-6

项　　目		允许偏差
调直后局部弯曲		$d/4$
受力钢筋顺长度方向全长尺寸		±10mm
弯起成型钢筋	弯起点位置	±10mm
	弯起高度	0mm， −10mm
	弯起角度	2°
	钢筋宽度	±10mm
钢筋宽和高		+5mm，−10mm

2）钢筋绑扎

（1）钢筋绑扎应用同强度等级的砂浆垫块或塑料卡支垫，支垫间距为 1m 左右，并按行列式或交错式摆放，垫块或塑料卡与钢筋应固定牢固。

（2）钢筋绑扎必须牢固稳定，不得变形松脱和开焊。变形缝处主筋和分布筋均不得触及止水带和填缝板，混凝土保护层、钢筋级别、直径、数量、间距、位置等应符合设计要求。预埋件固定应牢固、位置正确。钢筋绑扎位置的允许偏差应符合表 8-7 的规定。

钢筋绑扎位置的允许偏差值   表 8-7

项　　　目		允许偏差（mm）
箍筋间距		±10
主筋间距	列间距	±10
	层间距	±5
钢筋弯起点位移		±10
受力钢筋保护层		±5
预埋件	中心位移	±10
	水平及高程	±5

2. 模板支立

（1）模板支立前应清理干净并涂刷隔离剂，铺设应牢固、平整、接缝严密不漏浆，相邻两块模板接缝高低差不应大于 2mm。支架系统连接应牢固稳定。

（2）模板应采用拉杆螺栓固定，两端应加垫块（图 8-1），拆模后其垫块孔应用膨胀水泥砂浆堵塞严密。

（3）结构拆模时间：不承重侧墙模板，在混凝土强度达到 2.5MPa 时即可拆除；承重结构顶板和梁，跨度在 2m 及其以下的强度达到 50%、跨度在 2～8m 的强度达到 70%、跨度在 8m 以上的强度达到 100% 时方可拆除。

3. 混凝土灌注

1）混凝土终凝后应及时养护，垫层混凝土养护期不得少于 7d，结构混凝土养护期不得少于 14d。

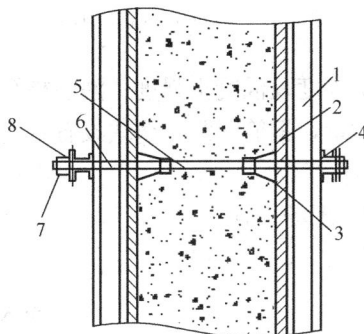

图 8-1　模板拉杆螺栓连接图
1—立带；2—模板；3—椎型垫块；4—横带；
5—拉杆；6—螺栓；7—螺母；8—垫板

2）混凝土抗压、抗渗试件应在灌注地点制作，同一配合比留置组数应符合相关规定。

3）抗压强度试件：

（1）垫层混凝土每灌注一次留置一组。

（2）每段结构（不应大于 30m 长）的底板、中边墙及顶板，车站主体各留置 4 组，区间及附属建筑物结构各留置 2 组。

（3）混凝土柱结构，每灌注 10 根留置 1 组，一次灌注不足 10 根者，也应留置 1 组。

（4）需要与结构同条件养护的试件，其留置组数可根据需要确定。

4）抗渗压力试件：每段结构（不应大于 30m），车站留置 2 组，区间及附属建筑物各留置 1 组。

4. 结构外防水

结构底板先贴卷材防水层施工，应符合下列规定：

（1）保护墙砌在混凝土垫层上，永久保护墙用 1:3 的水泥砂浆砌筑，临时保护墙用 1:3 的白灰砂浆砌筑，并各用与砌筑相同的砂浆抹一层找平层。

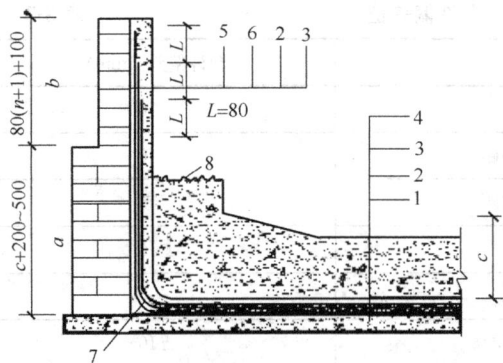

图 8-2 先贴防水层卷材铺贴图

1—混凝土垫层；2—卷材防水层；3—卷材保护层；4—结构
底板；5—保护墙；6—砂浆找平层；7—卷材加强层；8—结
构施工缝

a—永久保护墙；b—临时保护墙；c—底板+梗斜；

n—卷材防水层层数

（2）卷材先铺平面，后铺立面，交接处应交叉搭接。

（3）卷材从平面折向立面铺贴时，与永久保护墙粘贴应严密（图 8-2），与临时保护墙应临时贴附于该墙上。

5. 桩基础质量检查

1）检查内容

（1）资料检查：预制桩的产品合格证和记录；预制桩接桩材料合格证、复检报告；灌注桩原材料合格证、进场记录和复试报告；材料进场记录；桩基施工方案；钻进记录、浇桩记录、打（压）桩记录、隐蔽记录等。

（2）实体检查：预制桩外观质量，表面缺陷情况；桩基桩长、截面、桩顶高程、贯入度及混凝土强度；灌注桩孔径、孔深、沉渣厚度、泥浆密度、黏度；钢筋笼制作成型质量，钢筋间距、垫块设置数量、保护层控制情况，焊接有无漏焊、脱焊、过焊、咬肉等缺陷等。

2）现场检查

见表 8-8、表 8-9。

沉入桩现场检查项目一览表   表 8-8

序号	项　目	允许偏差(mm)	检查方法
1	桩尖标高	±100	用水准仪测量桩顶高程后计算

灌注桩现场检查项目一览表   表 8-9

序号	项　目	允许偏差(mm)	检查方法
1	混凝土抗压强度	必须符合《混凝土强度检验评定标准》(GBJ 107—1987)	现场抽取试块，委托检测机构检测
2	孔径	不小于设计规定	用探空器检验
3	孔深	+500，0	用测绳测量

6. 地下连续墙质量检查

1）地下连续墙每一单元槽段施工，应对下列项目进行中间检验，并符合有关规定

（1）钢筋笼制作的长、宽、高和钢筋间距、焊接、预埋件位置及钢筋笼吊装、入槽深度及位置；

（2）泥浆配制及循环泥浆和废弃泥浆的处理；

（3）槽段成槽后的宽、深和垂直度及清底和接头壁清刷；

（4）锁口管吊装时的插入深度、垂直度及起拔方法和时间；

（5）混凝土配合比、坍落度、导管布置及混凝土灌注。

2）基坑开挖后应进行地下连续墙验收，并符合下列规定

（1）混凝土抗压强度和抗渗压力应符合设计要求，墙面无露筋、露石和夹泥现象；

（2）墙体结构的允许偏差应符合相关规定的要求。

3）工程竣工验收应提供的资料

（1）原材料质量合格证；

（2）图纸会审记录、变更设计或洽商记录；

（3）单元槽段的中间验收记录；

（4）工程测量定位记录；

（5）各种试验报告和质量评定记录；

（6）废弃泥浆处理报告；

（7）基坑开挖后地下连续墙结构验收记录；

（8）隐蔽工程验收记录；

（9）开竣工报告；

（10）竣工图。

7. 基坑验槽

1）检查内容

资料检查：基坑测量放线、平面定位和高程定位测量记录；基坑验槽记录等。

实体检查：基底严禁超挖、扰动、受冻、水浸或存在异物、杂土、淤泥、土质松软及软硬不均等现象，如出现此类问题必须进行专项处理，并留下相关原始记录。

2）现场检查

基坑验槽的现场检查项目、检查方法见表 8-10。

基坑验槽的现场检查项目一览表　　　　　　　　　表 8-10

序号	项　目	允许偏差（mm）	检查方法
1	基底高程	+10，−20	用水准仪测量
2	基底平整度	20（1m 范围内不得多于 1 处）	用 3m 尺量

8. 主体结构施工质量检查

1）检查内容

资料检查：钢筋原材料、混凝土半成品出厂合格证书、检验报告，钢筋连接（机械连接、焊接）件检测报告；混凝土配合比设计；材料进场记录；模板工程预检记录；钢筋制作安装、钢筋骨架隐蔽记录。

实体检查：

模板工程：模板接缝应严密，不漏浆，模板内不应有积水，杂物应清理干净；固定在模板上的预埋件、预留孔和预留洞不得遗漏，且应安装牢固。

钢筋工程：钢筋的接头宜设置在受力较小处；同一纵向受力钢筋不宜设置两个或两个以上接头，接头末端至钢筋弯起点的距离不应小于钢筋直径的 10 倍；当受力钢筋采用机械连接接头或焊接接头时，设置在同一构件内的接头宜相互错开；同一构件中相邻纵向受力钢筋的绑扎搭接接头宜相互错开。绑扎搭接接头中钢筋的横向净距不应小于钢筋直径，且不应小于 25mm。

混凝土工程：抗压、抗渗试块的留置应按照《混凝土结构工程施工质量验收规范》（GB 50204—2002）的第 7.4.1、7.4.2 条执行；现场检查到场混凝土坍落度；混凝土运输浇筑及间歇的全部时间不应超过混凝土的初凝时间；同一施工段的混凝土应连续浇筑，并应在底层混凝土初凝之前将上一层混凝土浇筑完毕。

2）现场检查

主体结构各部位混凝土浇筑前的主要检查项目、允许偏差、检查方法见表 8-11。

主体结构现场检查项目一览表　　　　　　　　　　　表 8-11

序号	项　目		允许偏差（mm）	检查方法
1	钢筋原材、连接件、混凝土强度、抗压、抗渗强度		符合设计和规范要求	现场抽取试件，委托检测机构检测
2	钢筋骨架		长	
			宽、高	
3	受力钢筋	间距	±10	用钢尺检查
		排距	±5	
		保护层厚度	±3	
4	模板	截面内部尺寸	+4，−5	用钢尺检查
		相邻两板表面高低差	2	
		表面平整度	5	
5	预埋件中心线位置	预埋管、钢板、预留孔	3	用钢尺检查
		插筋	5	
		螺栓	2	
		预留孔	10	

9.防水层施工质量检查

资料检查：防水材料出厂合格证书、检验报告，抽检报告；材料进场记录；基面隐蔽记录。

实体检查：防水层的基面应洁净、平整，不得有空鼓、松动、起砂和脱皮现象；基层阴阳角处应做成圆弧形；防水层应与基层粘结牢固，表面平整、涂刷均匀，不得有流淌、皱折、鼓泡、露胎体和翘边等缺陷；防水层的平均厚度应符合设计要求，最小厚度不得小于设计厚度的 80%；侧墙防水层的保护层与防水层粘结牢固，结合紧密，厚度均匀一致。

10.路面施工质量检查

资料检查：沥青混凝土配合比设计；沥青混凝土原材料、半成品出厂合格证书、检验报告，抽检报告；材料进场记录；基面隐蔽记录。

实体检查：铺装基面应平整，清扫干净，无污染、无积水；侧石平顺，无折角；侧石高度一致、无起伏；横截沟、排水沟、盖板安装牢固，衔接齐顺。

11.给水及消防系统水压试验

资料检查：水泵等设备的出厂合格证、检测报告；设备进场手续；主要阀门、管道的强度试验和严密性试验记录；给水管道水压试验；电机水泵使用功能检验；给水排水工程记录。

实体检查：水压过程中检查管道表观缺陷，遇有缺陷时，应作出标记，卸压后修补；检查接口、管身破损及漏水现象。

12. 电气照明系统联动调试

资料检查：原材料、半成品及设备出厂合格证（含 CCC 认证证书）、进场检验记录和复试报告；绝缘和接地电阻测试记录；照度检测报告；电气工程质量记录。

实体检查：套管的安装质量；配电箱、柜安装质量；电气保护接地和避雷接地。

13. 通风系统调试

资料检查：原材料、半成品及设备出厂合格证、进场检验记录；调试记录与风速、风量等测试报告；通风空调工程质量记录。

实体检查：风机、风管安装质量；设备运转是否正常。

14. 弱电智能化系统联动调试

资料检查：原材料及设备出厂合格证（含 CCC 认证证书），进场记录；调试记录和测试记录；监控系统工程质量记录。

实体检查：各子系统是否运转正常，可以实现监控目的。

15. 资料和现场实体质量检查内容

地基处理与桩基、基坑支护结构、主体结构的施工质量、试验检测、隐蔽记录。

（1）地基处理：原材料合格证、进场检验记录和复试报告；地基处理的施工方案；地基处理的施工记录和施工质量；地基处理的相关检测。

（2）桩基工程：预制桩、接桩材料的产品合格证、复试报告和记录；灌注桩混凝土及钢材合格证、进场记录和复试报告；桩基施工方案；钻进记录、浇桩记录、打（压）桩记录、隐蔽记录和施工质量；桩基承载力和桩身质量检验。

（3）基坑支护结构：原材料合格证、进场检验记录和复试报告；基坑支护的施工方案；施工记录、隐蔽和施工质量；基坑支护监测方法、数量和结果。

（4）主体结构：原材料出厂合格证书、检验报告、进场记录、抽检报告；钢筋制作与安装、连接（机械连接、焊接、绑扎）件检测报告和施工质量；模板制作与安装质量和预埋件、预留孔位置；混凝土配合比及计量情况；混凝土浇筑记录及浇筑质量；混凝土抗压强度及评定；防水混凝土抗渗等级检测报告；混凝土结构外观质量；防水工程细部构造施工质量；预制构件安装质量；回填质量。

16. 资料和现场实体质量检查内容

1）基坑开挖与支护、混凝土、钢筋、钢结构制作与安装、结构防水、隧道抗渗堵漏及其他涉及结构安全与耐久性的关键工序

（1）地基处理、桩基质量、基坑支护质量、基坑；

（2）钢筋加工与连接、钢筋成型与安装；

（3）现浇混凝土结构工程质量；

（4）钢结构制作与安装质量；

（5）地下防水质量；

（6）抗渗堵漏质量。

2）基坑位移、地面沉降、隧道轴线、结构限界等与结构安全、使用功能和环境影响相关的重要指标

（1）基坑监测；

（2）地面、构筑物沉降观测；

（3）隧道轴线测量放样记录与复测；

（4）结构限界测量。

3）成型隧道工程总体质量监督检查

（1）隧道结构竣工后，混凝土抗压强度和抗渗压力必须符合设计要求；

（2）隧道混凝土外观质量良好，无露筋、露石，裂缝应修补好；

（3）防水工程达到防水设计等级要求；

（4）结构尺寸的允许偏差值见表8-12。

隧道结构各部位的允许偏差值　　　　　　　　　　表8-12

项目	允许偏差												检查方法
	垫层	先贴防水保护层	后贴防水保护层	底板	顶板		墙		柱子	变形缝	预留件	预埋件	
					上表面	下表面	内墙	外墙					
平面位置	±30mm	—	—	—	—	±10mm	±15mm		纵向±20mm,横向±10mm	±10mm	±20mm	±20mm	以线路中线为标准尺检查
垂直度	—	—	—	—	—	—	2‰	3‰	1.5‰	3‰	—	—	线锤加尺检查
直顺度	—	—	—	—	—	—	—	—	—	5mm	—	—	拉线检查
平整度	5mm	5mm	10mm	15mm	5mm	10mm	5mm	10mm	5mm	—	—	—	用2m靠尺检查
高程	+5mm,−10mm	0mm,−10mm	+20mm,−10mm	±20mm	+30mm,0mm	+30mm,0mm	—	—	—	—	—	—	用水准仪测量
厚度	±10mm	—	—	±15mm	±10mm		±15mm		—	—	—	—	用尺检查

17．工程竣工验收资料的检查内容

（1）原材料、成品、半成品质量合格证；

（2）图纸会审记录、变更设计或洽商记录；

（3）各种试验报告和质量评定记录；

（4）工程测量定位记录；

（5）隐蔽工程验收记录；

（6）基础、结构工程验收记录；

（7）开竣工报告；

（8）竣工图。

二、浅埋暗挖法（喷锚）隧道施工与质量验收要点

《地下铁道工程施工及验收规范》（GB 50299—1999）有如下规定。

（一）一般规定

（1）隧道喷锚暗挖施工应充分利用围岩的自承作用，开挖后及时施工初期支护结构并适时闭合，当开挖面围岩稳定时间不能满足初期支护结构施工时，应采取预加固措施。

（2）隧道开挖面必须保持在无水条件下施工。

（3）隧道采用钻爆法施工时，必须事先编制爆破方案，报城市主管部门批准，并经公安部门同意后方可实施。

（4）隧道施工中，应对地面、地层和支护结构的动态进行监测，并及时反馈信息。

（二）竖井施工

1）竖井与通道、通道与正洞连接处，应采取加固措施。

2）竖井应设防雨棚，井口周围应设防汛墙和栏杆。

3）竖井提升运输系统应符合下列规定：

（1）提升架必须经过计算，使用中应经常检查、维修和保养。

（2）提升设备不得超负荷作业。运输速度应符合设备技术要求。

（3）竖井上下应设联络信号。

（三）地层超前支护及加固

1. 超前导管及管棚

（1）超前导管或管棚应进行设计，其参数可按表 8-13 选用。

超前导管和管棚支护设计参数值　　　　　　　　　　表 8-13

支护形式	适用地层	钢管直径（mm）	钢管长度(m)		钢管钻设注浆孔的间距（mm）	钢管沿拱的环向布置间距（mm）	钢管沿拱的环向外插角	沿隧道纵向的两排钢管搭接长度(m)
			每根长	总长度				
导管	土层	40～50	3～5	3～5	100～150	300～500	5°～15°	1
管棚	土层或不稳定岩体	80～180	4～6	10～40	100～150	300～500	不大于 3°	1.5

注：1. 导管和管棚采用的钢管应直顺，其不钻入围岩部分可不钻孔；

　　2. 导管如锤击打入时尾部应加强，前端应加工成尖锥形；

　　3. 管棚采用钢管纵向连接丝扣长度不小于 150mm，管箍长 200mm，并均采用厚壁钢管制作。

（2）管棚施工应符合下列规定：

钻孔应由高孔位向低孔位进行；

钻孔孔径应比钢管直径大 30～40mm；

遇卡钻、坍孔时应注浆后重钻；

钻孔合格后应及时安装钢管，其接长时连接必须牢固。

（3）导管和管棚注浆应符合下列规定：

注浆浆液宜采用水泥或水泥砂浆，其水泥浆的水灰比为 0.5～1；

注浆浆液必须充满钢管及周围的空隙并密实，其注浆量和压力应根据试验确定。

2. 注浆加固

（1）注浆施工，在砂卵石地层中宜采用渗入注浆法；在砂层中宜采用劈裂注浆法；在黏土层中宜采用劈裂或电动硅化注浆法；在淤泥质软土层中，宜采用高压喷射注浆法。

（2）隧道注浆，如条件允许宜在地面进行，否则，可在洞内沿周边超前预注浆，或导洞后对隧道周边进行径向注浆。

（四）隧道开挖

（1）隧道开挖前应制订防坍塌方案，备好抢险物资，并在现场堆码整齐。

（2）隧道在稳定岩体中可先开挖后支护，支护结构距开挖面宜为 5～10m；在土层和不稳定岩体中，初期支护的挖、支、喷三环节必须紧跟，当开挖面稳定时间满足不了初期支护施工时，应采取超前支护或注浆加固措施。

（3）隧道开挖循环进尺，在土层和不稳定岩体中为 0.5～1.2m；在稳定岩体中为 1～1.5m。

（4）两条平行隧道（包括导洞），相距小于 1 倍隧道开挖跨度时，其前后开挖面错开距离不应小于 15m。

（5）同一条隧道相对开挖，当两工作面相距 20m 时应停挖一端，另一端继续开挖，并做好测量工作，及时纠偏。其中线贯通的允许偏差为：平面位置 ±30mm，高程 ±20mm。

（五）初期支护

1. 钢筋格栅、钢筋网加工及架设

1）钢筋格栅和钢筋网宜在工厂加工。钢筋格栅第一榀制作好后应试拼，经检验合格后方可进行批量生产。

2）钢筋格栅安装应符合下列规定：

钢筋格栅应垂直线路中线，允许偏差为：横向 ±30mm，纵向 ±50mm，高程 ±30mm，垂直度 5‰；

钢筋格栅与壁面应楔紧，每片钢筋格栅节点及相邻格栅纵向必须分别连接牢固。

3）钢筋网铺设应符合下列规定：

（1）铺设应平整，并与格栅或锚杆连接牢固；

（2）钢筋格栅采用双层钢筋网时，应在第一层铺设好后再铺第二层；

（3）每层钢筋网之间应搭接牢固，且搭接长度不应小于 200mm。

2. 喷射混凝土

1）喷射混凝土应掺速凝剂，原材料应符合下列规定：

（1）水泥：优先选用普通硅酸盐水泥，强度等级不应低于 32.5 级。

（2）细骨料：采用中砂或粗砂，细度模数应大于 2.5。

（3）粗骨料：采用卵石或碎石，粒径不应大于 15mm。

（4）骨料级配应控制在相关规范要求的范围内。

（5）水：采用饮用水。

（6）速凝剂：质量合格。初凝时间不应超过 5min，终凝时间不应超过 10min。

2）混合料应搅拌均匀并符合下列规定：

配合比：水泥与砂石的重量比应取 1：（4～4.5），砂率应取 45%～55%，水灰比应取 0.4～0.45。速凝剂掺量应通过试验确定。

原材料称量的允许偏差为：水泥和速凝剂 ±2%，砂石土 3%。

运输和存放中严防受潮，大块石等杂物不得混入，装入喷射机前应过筛，混合料应随拌随用，存放时间不应超过 20min。

3）喷射混凝土作业应紧跟开挖工作面，并符合下列规定：

（1）混凝土喷射应分片依次自下而上进行并先喷钢筋格栅与壁面间的混凝土，然后再喷两钢筋格栅之间的混凝土。

（2）每次喷射的厚度为：边墙70～100mm；拱顶50～60mm。

（3）分层喷射时，应在前一层混凝土终凝后进行，如终凝1h后再喷射，应清洗喷层表面。

4）喷射混凝土2h后应养护，养护时间不应少于14d。

5）喷射混凝土施工区气温和混合料进入喷射机温度均不得低于5℃。

6）喷射混凝土结构试件制作及工程质量应符合下列规定：

抗压强度和抗渗压力试件制作组数：同一配合比，区间或小于其断面的结构，每20m拱和墙各取一组抗压强度试件，车站各取两组；抗渗压力试件区间结构每40m取一组；车站每20m取一组。

喷射混凝土应密实、平整、无裂缝、脱落、漏喷、漏筋、空鼓、渗漏水等现象。

（六）防水层铺贴及二次衬砌

1. 防水层铺贴

1）铺贴防水层的基面应坚实、平整、圆顺、无漏水现象，基面不平整度为50mm。

2）防水层塑料卷材铺贴应符合下列规定：

（1）卷材应沿隧道环向由拱顶向两侧依次铺贴，其搭接长度为：长、短边均不应小于100mm。

（2）相邻两幅卷材接缝应错开，错开位置距结构转角处不应小于600mm。

（3）卷材搭接处应采用双焊缝焊接，焊缝宽度不应小于10mm，且均匀连续，不得有假焊、漏焊、焊焦、焊穿等现象。

（4）卷材应附于衬层上，并固定牢固，不得渗漏水。

2. 二次衬砌

隧道二次衬砌混凝土灌注应符合下列规定：

（1）混凝土宜采用输送泵输送；坍落度应为：墙体100～150mm，拱部160～210mm；振捣不得触及防水层、钢筋、预埋件和模板。

（2）混凝土灌注至墙拱交界处，应间歇1～1.5h后方可继续灌注。

（3）混凝土强度达到2.5MPa时方可拆模。

（七）监控量测

1）隧道施工前，应根据埋深、地质、地面环境、开挖断面和施工方法等按相关规范规定的量测项目，拟订监控量测方案。

2）隧道施工中出现下列情况之一时，应立即停工，采取措施进行处理：

（1）周边及开挖面坍方、滑坡及破裂；

（2）量测数据有不断增大的趋势；

（3）支护结构变形过大或出现明显的受力裂缝且不断发展；

（4）时态曲线长时间没有变缓的趋势。

（八）主要分部分项施工质量检查

1. 初期支护

1）检查内容

（1）资料检查：钢筋、锚杆、水泥、砂、石等原材料、半成品及设备出厂合格证、进场检验记录；钢格栅试拼检查记录；大管棚施工记录；小导管施工记录；锚杆施工记录；格栅钢架加工检查记录；钢架安装记录；喷射混凝土施工记录；压注浆施工记录。

（2）实体检查：

钢筋格栅、钢筋网加工及架设：钢筋格栅和钢筋网采用的钢筋种类、型号、规格应符合设计要求，其施焊应符合设计及钢筋焊接标准的规定；拱架（包括拱顶和墙拱架）应圆顺，直墙架应直顺；钢筋格栅组装后应在同一平面。

钢筋格栅安装应符合以下规定：基面应坚实并清理干净，必要时进行预加固；钢筋格栅应垂直线路中线；钢筋格栅与壁面应楔紧，每片钢筋格栅节点及相邻格栅纵向必须分别连接牢固。钢筋网铺设应平整，并与钢筋格栅或锚杆连接牢固，每层钢筋网之间应搭接牢固，搭接长度不应小于200mm。

喷射混凝土：采用锤击法检查喷层与围岩以及喷层之间的粘结情况，喷射混凝土应密实、平整、无裂缝、脱落、漏喷、漏筋、空鼓、渗漏水等现象。

2）现场检查

初期支护的现场检查项目、允许偏差、检查方法见表8-14。

初期支护的现场检查一览表　　　　　　　　　　　　　　　　表8-14

序号	项　目	允许偏差	检查方法
1	喷射混凝土厚度	60％以上不小于设计厚度，最小值不小于设计厚度的1/3，总平均值不小于设计厚度	凿孔检查
2	喷射混凝土平整度	30mm	用水准仪量测
3	矢弦比	不大于1/6	用尺量

2. 防水层铺贴及二次衬砌混凝土浇筑

（1）资料检查：钢筋原材料、混凝土半成品出厂合格证书、检验报告，抽检报告；钢筋连接（机械连接、焊接）件检测报告；混凝土配合比设计；材料进场记录；监控测量方案；模板工程预检记录；钢筋制作安装、钢筋骨架隐蔽记录。

（2）实体检查：

防水层铺贴：基面应坚实、平整、圆顺、无漏水现象，基面平整度不得超过50mm；防水层的衬层应沿隧道环向由拱顶向两侧依次铺贴平顺，并与基面固定牢固，其长、短边搭接长度均不应小于50mm；防水卷材应沿隧道环向由拱顶向两侧依次铺贴，其长、短边搭接长度均不应小于100mm；相邻两幅卷材接缝应错开，错开位置距结构转角处不应小于600mm；卷材搭接处应采用双焊缝焊接，焊缝宽度不应小于10mm，且均应连续，不得有假焊、漏焊、焊焦、焊穿等现象（表8-15、表8-16）。

防水层铺贴的现场检查项目一览表　　　　　　　　　　　　表8-15

序号	项　目	允许偏差	检查方法
1	防水卷材搭接	不小于100mm	用尺量

隧道二次衬砌结构的允许偏差 表 8-16

项 目	允许偏差						
	内墙	仰拱	拱部	变形缝	柱子	预埋件	预留孔洞
平面位置	±10mm	—	—	±20mm	±10mm	±20mm	±20mm
垂直度	2‰	—	—	—	2‰	—	—
高程	—	±15mm	+30mm,−10mm	—	—	—	—
直顺度	—	—	—	5mm	—	—	—
平整度	15mm	20mm	15mm	—	5mm	—	—

3. 现场检查内容

(1) 竖井开挖、结构;

(2) 超前导管和管棚支护、注浆加固;

(3) 钻爆施工方案及审批;

(4) 隧道开挖方法及地质描述;

(5) 初期支护结构的钢筋格栅及钢筋网加工、安装和喷射混凝土的施工质量;

(6) 混凝土原材料、配合比和试验;

(7) 防水层材料及基面检验和衬层、卷材的铺贴;

(8) 二次衬砌结构的钢筋加工及绑扎、模板支立、预埋件安装和混凝土浇筑。

4. 工程竣工验收的质量检查内容

(1) 原材料、成品、半成品的质量合格证;

(2) 图纸会审记录、变更设计或洽商记录;

(3) 各种试验报告和质量评定记录;

(4) 工程测量定位记录;

(5) 隐蔽工程验收记录;

(6) 冬期施工热工计算及施工记录;

(7) 监控量测记录;

(8) 开竣工报告;

(9) 竣工图。

三、盾构法隧道施工与质量验收要点

(一) 强制性条文

《盾构法隧道施工与验收规范》GB 50446—2008 的强制性条文:第 3.0.10、3.0.11、4.1.4、5.1.5、5.1.6、6.4.1、7.9.5、12.0.1、15.1.2、15.4.4、16.0.1 条,必须严格执行。

3.0.10 盾构法隧道施工必须采取安全措施,确保施工人员和设备安全。

3.0.11 盾构法隧道施工必须采取必要的环境保护措施。

4.1.4 盾构掘进施工必须建立施工测量和监控量测系统。

5.1.5 同一贯通区间内始发和接收工作井所使用的地面近井控制点必须进行直接联测,并与区间内的其他地面控制点构成附合路线或附合网。

5.1.6 隧道贯通后必须分别以始发和接收工作井的地下近井控制点为起算数据，采用附合路线形式，对原有控制点重新组合或布设并施测地下控制网。

6.4.1 模具必须具有足够的承载能力、刚度、稳定性和良好的密封性能，并应满足管片的尺寸和形状要求。

7.9.5 带压更换刀具必须符合下列规定：

1 通过计算和试验确定合理气压，稳定工作面和防止地下渗漏；

2 刀盘前方地层和土仓满足气密性要求；

3 由专业技术人员对开挖稳定状态和刀盘、刀具的磨损状况进行检查，确定刀具更换专项方案与安全操作规定；

4 作业人员应按照刀具更换专项方案和安全操作规定更换刀具；

5 保持开挖面和土仓空气新鲜；

6 作业人员进仓工作时间符合表 8-17 的规定。

进仓工作时间　　　　　　　　　　　　　　　　表 8-17

舱内压力（MPa）	工作时间		
	仓内工作时间（h）	加压时间（min）	减压时间（min）
0.01～0.13	5	6	14
0.13～0.17	4.5	7	24
0.17～0.255	3	9	51

注：24h 内允许工作 1 次。

12.0.1 根据盾构类型、地质条件和工程实际，应制定盾构安全技术操作规程和应急预案，确定施工作业在安全和卫生环境下进行。

15.1.2 监控量测范围应包括盾构隧道和沿线施工环境，对突发的变形异常情况必须启动应急监测方案。

15.4.4 当实测变形值大于允许变形的 2/3 时，必须及时通报建设、施工、监理等单位，并应采取相应措施。

16.0.1 管片出厂时的混凝土强度与抗渗等级必须符合设计要求。

检查数量：符合现行国家标准《混凝土结构工程施工质量验收规范》GB 50204—2002 的规定。

检验方法：检查同条件混凝土试件的强度和抗渗报告。

（二）基本规定

3.0.5 盾构法隧道施工使用的管片必须符合设计和本规范的要求。

3.0.6 管片拼装连接螺栓紧固件、防水密封条的规格、质量应符合设计要求。

3.0.7 盾构法隧道施工必须严格监控盾构姿态，确保隧道轴线精度在规范的允许偏差范围内。

3.0.8 盾构法隧道施工时，必须保证管片拼装质量在本规范允许误差范围之内。

3.0.9 盾构隧道防水必须满足设计和国家现行相关规范的要求。

3.0.12 质量合格应符合下列规定：

1 主控项目的质量 100％合格；

2　一般项目的质量 95％合格；

3　具有完备的施工操作依据和质量验收记录。

（三）管片制作

6.3　原材料要求

6.3.1　各种原材料进场均应有产品质量证明文件，均应按国家的有关标准进行复验，质量除应符合国家现行标准规范和地方有关标准文件的规定外，还应符合本规范的要求。

6.4　模具要求

6.4.4　模具每周转 100 次，必须进行系统检验，其允许偏差须符合表 8-18 的规定。

模具允许偏差表　　　　　　　　　　　　　　表 8-18

序号	项　目	允许偏差（mm）	检验方法	检查数量
1	宽度	±0.4	内径千分尺	6 点/片
2	弧弦长	±0.4	样板	2 点/片，每点 2 次
3	边模夹角	≤0.2	靠尺塞尺	4 点/片
4	对角线	±0.8	钢卷尺、刻度放大镜	2 点/片，每点 2 次
5	内腔高度	−1～+2	高度尺	4 点/片

6.5　钢筋要求

钢筋加工、钢筋骨架安装位置的允许偏差和检验方法须符合表 8-19、表 8-20 的规定。

钢筋加工的允许偏差和检验方法　　　　　　　　表 8-19

序号	项　目	允许偏差（mm）	检验方法	检查数量
1	主筋和构造筋剪切	±10	尺量	抽检不少于 5 件/班同类型、同设备
2	主筋折弯点位置	±10	尺量	抽检不少于 5 件/班同类型、同设备
3	箍筋内净尺寸	±5	尺量	抽检不少于 5 件/班同类型、同设备

钢筋骨架安装位置的允许偏差和检验方法　　　　　表 8-20

项　目		允许偏差（mm）	检验方法	检查数量
钢筋骨架宽	长	+5，−10	钢卷尺	按日生产的 3％抽检，每日不少于 3 件，每件 4 点
	宽	+5，−10		
	高	+5，−10		
受力主筋	间距	±5		
	层距	±5		
	保护层厚度	+5，−3		
箍筋间距		±10		
分布筋间距		±5		

6.6 混凝土

1 预制钢筋混凝土管片强度评定应符合《混凝土结构工程施工质量验收规范》GB 50204—2002 中的有关规定。

2 检验混凝土强度用的混凝土试件的尺寸及强度的尺寸换算系数参见《混凝土结构工程施工质量验收规范》GB 50204—2002 中的有关规定；评定混凝土强度的试件应为标准试件，所有试件的成型方法、养护条件及强度试验方法应符合普通混凝土力学性能试验方法标准的规定。

3 混凝土的冬期施工应符合国家现行标准《建筑工程冬期施工规程》JGJ/T 104—2011 和施工技术方案的规定。

6.7 成型管片

6.7.2 管片的质量要求应符合下列规定：

1 应按设计要求进行结构性检验，结果符合设计要求。

2 管片强度和抗渗等级应符合设计要求。

3 吊装予埋件首次使用前必须抗拉拔试验，试验结果符合设计。

4 管片不应存在露筋、孔洞、疏松、夹渣、有害裂缝、缺棱掉角、飞边等缺陷，麻面面积不得大于管片面积的 5%。

5 日生产每 15 环应抽取 1 块管片进行检验，允许偏差和检验方法应符合表 8-21 的规定。

预制钢筋混凝土管片的尺寸偏差也应符合表 8-21 的规定。

预制成型管片的允许偏差 表 8-21

项 目	允许偏差(mm)	检验方法	检查数量
宽度	±1	用尺量	3点
弧弦长	±1	用尺量	3点
厚度	+3/−1	用尺量	3点

（四）盾构掘进施工

7.3 盾构现场验收

7.3.1 应按盾构的主要功能及使用要求制定现场验收大纲，验收的主要项目应包括下列内容：

1 盾构壳体；

2 切削刀盘；

3 拼装机；

4 螺旋输送机（土压平衡盾构）；

5 皮带输送机（土压平衡盾构）；

6 泥水输送系统（泥水平衡盾构）；

7 同步注浆系统；

8 集中润滑系统；

9 液压系统；

10 铰链装置；

11　电气系统;

12　渣土改良系统;

13　盾尾密封系统。

7.3.3　现场验收时,应详细记录盾构的运转状况、掘进情况,并进行评估,满足技术要求后,签认文件。

(五)管片拼装

9.2　拼装前的准备

9.2.1　对管片及防水密封条进行验收,并按拼装顺序存放。

9.2.2　对前一环管片环面进行质量检查。

9.2.4　对拼装机具和材料进行检查。

9.4　管片拼装质量控制

隧道轴线和高程、管片拼装的允许偏差和检验方法须符合表 8-22、表 8-23 的规定。

隧道轴线和高程的允许偏差和检验方法　　　表 8-22

项　目	允许偏差			检验方法	检查频率
	地铁隧道	公路隧道	水工隧道		
隧道轴线平面位置	±50mm	±75mm	±100mm	用经纬仪测中线	1 点/环
隧道轴线高程	±50mm	±75mm	±100mm	用水准仪测高程	1 点/环

管片拼装的允许偏差和检验方法　　　表 8-23

项　目	允许偏差(mm)			检验方法	检查频率
	地铁隧道	公路隧道	水工隧道		
衬砌环直径椭圆度	±5‰D	±6‰D	±8‰D	尺量后计算	4 点/环
相邻管片的径向错台	5mm	6mm	8mm	用尺量	4 点/环
相邻管片的环向错台	6mm	7mm	9mm	用尺量	1 点/环

(六)壁后注浆

10.5　注浆质量控制

10.5.1　注浆材料和施工参数应符合要求。

10.5.2　施工过程中必须对注浆量、注浆压力、注浆时间、注浆部位等参数进行记录并保存,以为注浆质量控制提供依据。

(七)隧道防水

11.2.1　防水材料必须按设计要求选择,施工前应分批进行抽检。

(八)主要分部分项质量检查

16　钢筋混凝土管片验收

主控项目

16.0.1　管片出厂时的混凝土强度与抗渗等级必须符合设计要求。

检验数量:符合《混凝土结构工程施工质量验收规范》GB 50204—2002 的规定。

检验方法:检查同条件混凝土试件的强度和抗渗报告。

16.0.2 管片混凝土外观质量不应有严重缺陷，缺陷等级宜按表 8-24 划分。

检验数量：全数检查。

检验方法：观察或尺量。

混凝土管片外观质量缺陷等级 表 8-24

名　称	现　象	缺陷等级
露筋	管片内钢筋未被混凝土包裹而外露	严重缺陷
蜂窝	混凝土表面缺少水泥砂浆而形成石子外露	严重缺陷
孔洞	混凝土内孔穴深度和长度均超过保护层厚度	严重缺陷
夹渣	混凝土内夹有杂物且深度超过保护层厚度	严重缺陷
疏松	混凝土中局部不密实	严重缺陷
裂缝	可见的贯穿裂缝	严重缺陷
	长度超过密封槽，宽度大于 0.1mm，且深度大于 1mm 的裂缝	严重缺陷
	非贯穿性干缩裂缝	一般缺陷
外形缺陷	棱角磕碰、飞边等	一般缺陷
外表缺陷	密封槽部位在长度 500mm 的范围内存在直径大于 5mm、深度大于 5mm 的气泡超过 5 个	严重缺陷
	管片表面麻面、掉皮、起砂、存在少量气泡等	一般缺陷

一 般 项 目

16.0.3 存在一般缺陷的管片数量不得大于同期生产管片数量的 10%，并应由生产厂家按技术要求处理后重新验收。

检验数量：全数检查。

检验方法：观察，检查技术处理方案。

16.0.4 管片的尺寸偏差应符合本规范第 6.7.2 条第 5 款的规定。

检验数量：每日生产且不超过 15 环，抽查 1 环。

检验方法：尺量。

16.0.5 水平拼装检验的频率和结果应符合本规范第 6.7.3 条的规定。

检验方法：尺量。

16.0.6 管片成品检测测试应按设计要求进行。

检验数量：管片每生产 100 环应抽查 1 块管片进行检漏测试，连续 3 次达到检测标准，则改为每生产 200 环抽查 1 块管片，再连续 3 次达到检测标准，按最终检测频率为 400 环抽查 1 块管片进行检漏测试。

17 成型隧道验收

主 控 项 目

17.0.1 结构表面应无裂缝、无缺棱掉角，管片接缝应符合设计要求。

检验数量：全数检查。

检验方法：观察检验，检查施工日志。

17.0.2 隧道防水应符合设计要求。

检验数量：逐环检查。

检验方法：观察检验，检查施工日志。

17.0.3 衬砌结构不应侵入建筑限界。

检验数量：每 5 环检验一次。

检验方法：全站仪、水准仪量测。

17.0.4 隧道轴线平面位置和高程偏差应符合表 8-25 的要求。

隧道轴线平面位置和高程偏差 表 8-25

项　目	允许偏差（mm）			检验方法	检查频率
	地铁隧道	公路隧道	水工隧道		
隧道轴线平面位置	±100	±150	±150	全站仪	10 环
隧道轴线高程	±100	±150	±150	水准仪	

一　般　项　目

17.0.5 隧道的允许偏差值应符合表 8-26 的规定。

隧道的允许偏差 表 8-26

项　目	允许偏差			检验方法	检查频率
	地铁隧道	公路隧道	水工隧道		
衬砌环直径椭圆度	±0.5%D	±0.8%D	±1%D	尺量后计算	10 环
相邻管片的径向错台	10mm	12mm	15mm	尺量	4 点/环
相邻管片的环向错台	15mm	17mm	20mm	尺量	1 点/环

（九）工程竣工验收的质量检查内容

5.3.3.4 工程竣工验收的质量检查内容

（1）原材料、成品、半成品质量合格证；

（2）图纸会审记录、变更设计或洽商记录；

（3）各种试验报告和质量评定记录；

（4）工程测量定位记录；

（5）隐蔽工程验收记录；

（6）隧道衬砌环轴高程、平面偏移值；

（7）隧道衬衬渗漏水量监测值；

（8）监控量测记录；

（9）开竣工报告；

（10）竣工图。

总 复 习 题

1. 公路隧道采用新奥法施工，现场监控量测是施工的核心，是施工过程中监视围岩稳定性、检验设计与施工是否合理及安全的重要手段。

问题：(1) 现场监控量测的目的是什么？

(2) 现场监控量测的必测项目有哪几项？

(3) 隧道开挖后应及时进行哪些项目的量测？安设锚杆后应作何试验？

(4) 简述隧道平面位置的检验方法？

答：(1) ①掌握围岩和支护的动态信息并及时反馈，指导施工作业。

②通过对围岩和支护的变位，应力量测，修改支护系统设计。

(2) 地质和支护状况观测、周边位移、拱顶下沉，锚杆或拉索内力及抗扰力。

(3) 隧道开挖后应及时进行围岩，初期支护的周边位移的拱顶下沉量测，安设锚杆后应做锚杆抗振试验。

(4) 分别将引道中心线与隧道中心线延长至两侧洞口，比较其平面位置。

2. 某城市隧道工程项目采用喷锚暗挖法施工。工程施工项目部做出了施工组织设计。在喷锚暗挖加固支护中采用小导管，注浆措施采用石灰砂浆，并充满钢管及周围空隙，经试验后确定了注浆量和压力。在砂层注浆中采用渗入注浆法。在注浆期内，为防止浆溢出或超出注浆范围，施工人员随时监测地下水的污染情况。

问题：(1) 城市隧道工程的主要施工方法有哪些？

(2) 喷锚安稳隧道施工组织设计须包括哪些内容？

(3) 简述喷锚暗挖法。

(4) 喷锚暗挖法包括哪些方法？

(5) 指出背景材料中有关小导管注浆施工的不妥之处并改正。

(6) 在砂卵石地区、砂层、黏土层、淤泥质土中注浆施工分别宜采用何种方法？

(7) 喷锚暗挖法隧道施工时进行现场检查的目的是什么？

答案：(1) 施工方法有：明挖法、盖挖逆筑法、喷锚暗挖法、盾构法。

(2) 施工组织设计仍为工程概况、平面布置图、施工部署、管理体系、体制目标设计、施工方案及技术措施、安全措施、文明施工措施、环境措施、节能降耗措施、其他专项设计等内容。

(3) 喷锚暗挖法是边挖边支护，约束围岩变位，使围岩和支护结构共同形成护环、突现稳定的人工掘进作业。

(4) 喷锚暗挖法具体包括全断面法、台阶法、台阶分部法、上下导洞法、上导洞法、单侧壁导洞法、双侧壁导洞法、漏斗棚架法、蘑菇法等。

(5) 背景材料中小导管注浆施工中的不妥之处有：①小导管采用石灰砂浆，应用水泥浆或水泥砂浆。②在砂层的注浆施工中采用渗入注浆法是不妥的，应用采劈裂注浆法。

（6）注浆方法应选用：

①砂卵石地层中注浆宜用渗入注浆法。

②砂层中注浆宜用劈裂注浆法。

③在黏土层中注浆宜用劈裂或电动硅化注浆法。

④在淤泥质中宜用高压喷射注浆法。

（7）现场检测的目的是：

①提供监控设计的依据和信息。

②预报和检测险情。

③校核地下工程的理论计算结果，完善工程类比法。

3. 某隧道长 2000m，挖制宽度 50m，设计径高高于 5m，采用喷锚暗挖法施工。问题：

（1）根据采用喷锚暗挖法施工，下列选项中不属于其施工的十八字方针的是（D）。

（A）管超前　　　　　　　　　（B）短开挖

（C）尽力量测　　　　　　　　（D）早支护

（2）修建该隧道时的正台阶环形开挖法的适用条件是（C）。

（A）地层好，跨度小于等于 8m

（B）地层较差，跨度小于等于 12m

（C）地层差，跨度小于等于 12m

（D）地层差，跨度小于等于 14m

（3）采用正台阶环形开挖法的环形进度应为（A）m，不宜过长。

（A）0.5～1　　　　　　　　　（B）1～1.5

（C）1.5～2　　　　　　　　　（D）2～2.5

（4）该隧道进行正台阶环形开挖中，其开挖工作面稳定性好的原因是（C）。

（A）其拱形开挖高度较小

（B）支护结构形成全断面封闭式间距

（C）其上部留有核心土支撑开挖面，而且能迅速及时地建造拱部初次支护

（D）封闭型的导坑初次支护承载力大

（5）进行锚喷加固支护隧道施工时，喷射混凝土封闭开挖面应采用早强混凝土，喷射厚度宜为（A）mm。

（A）50～100　　　　　　　　（B）100～150

（C）150～200　　　　　　　　（D）200～250

（6）该隧道工程项目在施工前，编制的施工组织设计的内容不包括（D）。

（A）质量项目设计

（B）安全措施

（C）施工部署及管理体系

（D）施工图设计文件技术交底记录

参 考 文 献

[1]　铁路施工技术手册 6 [M]. 北京：人民铁道出版社，1955.

[2]　吴慧芳. 市政公用工程施工技术与管理 [M]. 南京：河海大学出版社，2011.

[3]　公路桥涵施工技术规范（JTJ 041—2008）[S].

[4]　地下铁道工程施工与验收规范（GB 50299—1999）[S].

[5]　张大春，金孝权等. 建筑工程质量检查员继续教育培训教材（市政工程）[M]. 北京：中国建筑工业出版社，2011 年 4 月.

[6]　况世华. 隧道工程技术 [M]. 北京：高等教育出版社，2009.